我
们
一
起
解
决
问
题

ゲキジョウカシャカイの生き方

劇場化社会

剧场化
社会

演好自己角色的
8 个法则和
56 场好戏

[日] 樱井秀勋　著

代红光　译

人民邮电出版社
北京

图书在版编目（CIP）数据

剧场化社会 ：演好自己角色的8个法则和56场好戏 / （日）樱井秀勋著 ；代红光译. -- 北京 ：人民邮电出版社，2021.8
ISBN 978-7-115-56580-8

Ⅰ . ①剧… Ⅱ . ①樱… ②代… Ⅲ . ①社会关系－研究 Ⅳ . ①C912.3

中国版本图书馆CIP数据核字(2021)第099943号

内 容 提 要

网络信息化时代，个性化盛行，社会呈现出剧场化的诸般特质，身处剧场化社会的每个个体都有机会成为舞台的主角。如何崭露头角、掌握表达自我的技能，成为我们需要关注和解决的问题。

本书深入阐释了何谓剧场化社会，细致分析了提高自我价值的技巧，以及在剧场化社会中如何自处等问题，为各行各业人士适应变革、引领潮流和自我定位提供了一套具有可操作性和前瞻性的解决方案。

本书适合身处社会网络中的每一位读者阅读，对渴望改变职场和生活现状、突破既有能力局限的人尤其具有指导意义，能够帮助其找到适合自己的舞台，演绎好自己的角色。

◆ 　著　　　［日］樱井秀勋
　　译　　　代红光
责任编辑　谢　明
责任印制　胡　南
◆ 人民邮电出版社出版发行　　北京市丰台区成寿寺路 11 号
邮编 100164　　电子邮件 315@ptpress.com.cn
网址 https://www.ptpress.com.cn
北京鑫丰华彩印有限公司印刷
◆ 开本：880×1230　1/32
印张：7　　　　　　　　　　　2021 年 8 月第 1 版
字数：150 千字　　　　　　　2021 年 8 月北京第 1 次印刷
著作权合同登记号　图字：01-2020-4646 号

定　价：59.80 元
读者服务热线：（010）81055656　印装质量热线：（010）81055316
反盗版热线：（010）81055315
广告经营许可证：京东市监广登字 20170147 号

序幕 剧场化社会的到来

随着科技的发展和网络信息化的深入，这个时代已不再是每个人必须循规蹈矩、一步一个脚印地缓慢前行的时代了。如果迈着台阶、按部就班地前进，那么我们所能跨越的阶梯有限，而且速度缓慢。现代社会要求人们乘着电梯上升，快速超越他人。

当下虽然不会轻易发生大规模的战争，却有可能发生"人工智能战争"。

当前，人工智能的发展方兴未艾，最了解人工智能技术的当属二三十岁的年轻人。人们常说"你只能认识和思考自己所生存的时代"，所以，即便绞尽脑汁，80多岁的人可能最多只能预想未来10年左右的事，而30多岁的人却可以展望未来60年左右的事。

90岁的我显然已经无法预估过于久远的未来，只能尝试理解和分析当今时代所发生的一些变化。在此，我想将我们当下所生活的社会称为"剧场化社会"。

随着网络技术的发展，人们已经可以方便地接收和发出信息，可以建立社区、吸引粉丝并获得收益。也就是说，这是一个任何人都可以登上令人瞩目的舞台并成为主角的时代。我现在仍运营着3个公众号，经常参加演讲和讲座，每天都在更新自己的Facebook和博客。

反过来说，在这样的时代，人们要想依赖国家和社会生存下去会变得越来越难。没有察觉到这一点，你将注定一生碌碌无为。

本书是我对正处于现在进行时的社会变革的一些见解，以及对未来的预测，也包括我对如何成为这个剧场化社会的主角并获得成功的方法总结。朋友们，如果你们已经做好了站上这个舞台的准备，不妨打开这本书，让我们一起学习和掌握那些在新型社会获得成功的方法。

目录

第1幕 个体化时代与个性化舞台

开场白

在幽深处寻找光明，在尘土里播种春天，
在属于自己的舞台上独舞。

第2幕 即刻登场，舞出人生

开场白

搭好台，扮上妆，
生活是出好戏，你莫错过。

第3幕

自我赋能，创造价值

开场白

穿上灯笼裤，能吃苦中苦。

冬练三九，夏练三伏。

练就手眼身法步，

走好不同的人生路。

第4幕 人际关系与舞台生活

开场白

机遇总是乔装而来，不以真面目示人。

它藏在邂逅的一盏茶里，藏在陌生人的一句寒暄里，

却经常和那些匆忙的人擦肩而过，

留下绵绵不绝的悔恨。

剧场化社会
演好自己角色的 8 个法则和 56 场好戏

第5幕 自我包装的艺术

开场白

摘下角色面具，
脱掉厚重的衣裳，
让那个装在套子里的人，
闪亮登场。

第6幕 舞台上的精彩表演

开场白

有锋芒何必隐藏？

有激情即刻释放。

看我乘风破浪，认真亮相。

第7幕 剧场化社会中的"大女主"

开场白

在亲手搭建的城堡里，当一回公主。

在亲笔写下的剧本中，做一回"大女主"。

我是无价之姐，

看我破茧成蝶，翩翩起舞。

第 8 幕 成为主角

开场白

社会是个剧场，生活是个舞台。

做自己的主角，无须彩排。

第 1 幕

个体化时代与
个性化舞台

———
开场白

在幽深处寻找光明，在尘土里播种春天，
在属于自己的舞台上独舞。

第1场 【困惑】

现代人的困惑

—

ACTION 登上舞台，开始你的表演

　　如果说曾经的"工薪社会"与当今社会有什么区别的话，那么我们就不得不谈到非终身雇佣制。

　　在我们父辈生活的时代，如果你认定自己一辈子都要在一家公司上班，就意味着你能过上一种安稳的生活。当然，

其代价可能是你没有办法出人头地而只能碌碌无为地度过一生。当然，没读过大学和读过大学的人，他们的生活境况可能不同。到了 60 岁，你该退休了，你会拿到一份并不算多的养老金，然后平淡地过日子，直至离开这个世界。

这种生存方式之所以能够形成，原因之一就在于当时在日本能够完全独立生产产品的大型企业为数不多，很多企业都要靠外包来维持生存。

我出生于 1931 年，就业于 1953 年。当时社会上的大学生很少。在刚进入社会的年轻人中，大学生的比例只有 5%，而在我的母校东京外国语大学的同级生中，只有 1 名女同学。

为什么我要提及这些往事呢？因为在那样的时代，大学生进入社会就相当于登上了人生的最高舞台。

刚才我说到的 5%，意味着 100 人当中有 5 位精英。他们无论是在社会上还是在某家公司内部，都算得上万众瞩目、值得期待的希望之星。

那么，如今 50 岁左右的一代人又面临着怎样的现实呢？对于这些大约在 20 世纪 70 年代出生的一代人来说，能去美国读工商管理硕士（MBA）就是他们最大的荣耀。因为在那个时代，一个人如果出国读过 MBA 就意味着他有成为大型企业精英的潜质和资本。

现如今拥有留学国外、就读于名牌大学这样的经历已经不足为奇，即便你有这样的经历也并不意味着你能成为精英。

要想成为精英，就必须有自己独特的舞台。

现代人之所以生存得非常艰难，原因还在于人们寿命的延长。以前日本人的平均寿命只有 70 多岁而已，而如今日本人的平均寿命都已经达到了 80 岁。

社会是个剧场，生活是场大戏，我们每个人都不能缺席，必须自食其力赚够演出费。

有相当多的人为了获得额外的收入，进行各种跨行业的尝试，有不少人年纪轻轻就已经赚够了一生的财富。

在我身边，20 多岁就开始创业并取得成功的也大有人在。

第 2 场 【即兴】

即兴表演的时代

—

ACTION **普通人也有自己的舞台**

　　剧场化社会需要我们随时随地展现自我、发出自己的声音。

　　生于昭和时代（1926—1989 年）的人，往往家里人口众多。在大学时代，他们上的是"巨无霸大学"；参加工作时，

他们进入的是"巨无霸企业"。然而，出生于平成时代（1989
—2019年）的人，他们所生存的社会已经发生了巨大的变化：
同龄人没有那么多了，无论是上学还是就业，"少数化"已成
为一种普遍现象。

学校里，一个班级的人数变得越来越少，企业里的员工
人数也不多。而且，即便大家都在大型企业工作，日本国内
的同事也比较少，大多数同事都来自别的国家。目前，这种
状况还在持续。

不仅如此，每年被派往国外工作的年轻人也越来越多。
与躲在人群中不愿意随便发表自己意见的上一代人不同，他
们更愿意发出自己的声音，勇于展现自己。

我们已经进入了一个需要不断对话、解释、说服对方的
时代。曾几何时，在大型企业工作的人已经习惯了按照规定
默默地工作、定点上下班。他们不需要出什么风头，也基本
上不需要对别人指手画脚或下达指示。

然而，这种工作方式正在悄然发生改变。已经固定的社
会模式、企业模式正在逐步崩溃，或者可以说，如果不能形

成新的社会规范，人们的生存将变得越来越艰难。

国外也是如此，有什么样的工作方式，就要有什么样的生活方式与之相对应，这是理所当然的事。

- 我是这样想的，就要这样去做。
- 这份工作比较适合我，我可以更早下班，所以我选择这份工作。
- 我要达到的效果就是这么多，干到这个程度也就可以了。

你不觉得自己身边有很多这样想的年轻人吗？以前，人们遇到这样的人往往会被吓一跳，因为人们相信"在职场上没有个性"是正常的，大家已经对论资排辈式的薪酬体系习以为常了。

然而，如今的情况又如何呢？薪水因人而异这种趋势已经越来越明显。敢于登上舞台、在众人面前大声说出自己想法的员工往往会获得更多的收入。也就是说，如果把职场看作一个大舞台，那些员工的高收入之中已经包含了独自表演的"出场费"。

举一个简单的例子，为了提高业绩，个人会脱离集体，想方设法提高自己的知名度，而人们对这样的做法也越来越认同。除了"某某公司的员工"这一单一而固定的属性之外，人们也早已开始给自己贴上其他标签，而且这样的人会越来越多。

如果你认为自己是优秀的，那就没什么挑战是不可以接受的，因为可供表演的舞台不止一处。一种舞台化的社会正在逐步形成。在这一演变的过程中，我们不必担心，也不必慌张，只要你不拒绝登场，你的个人能力就会在这一过程中不断地提高。

第3场 【场域】
职场社区化

ACTION 生活何处不舞台

你会选择什么样的方式庆祝自己的生日？如果你是单身人士，你是一个人过生日，还是找一个朋友一起过？如果你是已婚人士，你也许会和你的另一半去餐厅庆祝吧。

这些庆祝生日的方式本来是无可厚非的，但如果你已经有了"站上舞台"的想法，恐怕仅凭这些传统的方式是无法实现你的愿望的。

生日是一次将人们聚集到一起的机会。不仅如此，这一天你还必须作为主角当众发言，无论规模大小，这都将是你在舞台上发表言论的绝好机会。

正因如此，生日将为你带来很好的机会。

同样的道理，家人和朋友的生日也将为你带来机会。选定庆祝地点、确定出席人数、计算参会费用，等等，你是否已经开始计划成为生日宴会主角背后的经纪人了呢？

当然，我只是以生日为例。其实，生活需要仪式感。无论什么样的聚会都可以被看作一种纪念仪式。据我所知，曾经有一位男士在一年的时间里通过不断主办类似的聚会，结交了很多朋友，而他自己也在不知不觉中站到了生活舞台的中心位置，成为生活剧场的主角。

也许有人会有不同的看法，认为这位男士在这一年里只是不停地玩了很多场游戏而已。

以读书会这种活动为例，根据不同的主题，我们可以分别在咖啡馆、餐厅或宾馆里举行。也正因如此，有些人也会认为这不过是娱乐而已。

实际上，在生活中，有这种玩游戏的感觉是非常重要的。有人用手机工作，而用手机玩游戏的人也为数不少，自然也会有人在玩游戏的同时将其与工作关联起来并轻而易举地获得了成功。

游戏与工作并非泾渭分明——这样的时代已经到来。并不是系着领带的人就一定是在工作，而没系领带的人就一定是在玩游戏。最近不少一流企业已经开始尝试让职场成为游戏场，也有很多人在他们的工作场所不设置办公桌。

以东京为代表，日本各地的租赁办公室、租赁会议室正在不断增加，换言之，那里正在诞生新的舞台。那些曾经专属于领导者的舞台上，如今也聚集了大量的年轻人。

也许我们可以说，职场正在不断地社区化。无法完成社区化的人终将与社会脱节。

在这样的环境下，不擅长与人交际的人必须进行相应的调整，才有更多机会获得成功，很多年轻人都必须注意这一点。

第4场 【浪潮】
引领潮流的人

 "嗨翻"全场，你就是角儿

　　如果你乘坐地铁山手线绕东京一周，你就会发现东京到处都是高层建筑，连公寓都开始高层化。望着鳞次栉比的高级公寓，你也许会想：到底是什么样的人会住在这里呢？

　　如果你认为住在这里的都是有一定资本积累的中老年人

及其家人那你就大错特错了。你可能想不到有很多 20 多岁、30 多岁的年轻人也住在这里。

看到这些年轻人，你恐怕很难将他们和普通上班族联系到一起，为什么这些人能住在这样的公寓里，恐怕很多人都想不通，觉得不可思议吧。

是的，这些人就是那些年纪轻轻却早已登上了生活舞台的"表演者"，我们也可以称他们为剧场化社会的主角。

他们是勇敢地迈出了第一步的人，也是创造了一种"躺赢"机制的人。简而言之，他们正在通过自己的言论、文章、著作等为特定的群体不断输送新的资讯和新的价值。

然而必须说明的一点是，能够在舞台上出彩的人仍然屈指可数，其背后需要大量资金支持。著名的高级顾问望月俊孝先生明确表示自己曾花费 1 亿多日元到国外求学。就某一特定的热潮而言，一般情况下会出现三次，第一次热潮的引领者往往是那些最先到国外学习的人。

曾几何时，这里所说的外国主要是指德国。如今德国仍然是医学发达的国家，日本的很多医生都去过德国留学。实际上，赴德留学生曾经掀起了第一次医学热潮，而掀起第二次医学热潮的是那些在德国真正学到先进医学理念和技术精华的人，如今的医学界刚好处于这次新热潮中。

同样，如何赚钱，如何吸引大家的关注，如何引来顾客，如何写书，等等——实际上去国外学习过这些先进方法和理念的人已经创造出了第一次时代热潮。而他们的学习者及传承者如今正在制造第二次时代热潮。毫无疑问，这些人正在登上属于他们自己的舞台。

值得一提的是，他们之中的大多数并没有站在一个很大的舞台上，而只是拥有一个小剧场。时代已经发展至此，在当今社会，人们通过副业、多重创业等方式成功的可能性还是非常大的。

而如果不通过这样的方式，普通人在未来就很难过上轻松的生活。因为只通过一份工作、一种职业来赚足生活费将变得越来越难。可以说，在日本，如果不在大型企业工作，工薪阶层就很难赚到足够的生活费。

第 5 场 【先机】
先驱优势

ACTION　瞅准时机就上场

　　从某种意义上说，这个世界是不平等的，有的人资质平平，有的人天赋异禀。与他人相比，你是否有时会为自己感到不平？那些得到眷顾的人，一开始就已经一只脚踏上了大舞台，与我们这些普通人有很大不同。

然而，无论什么时代，不平等都是无法避免的。可是，不是每个人都能坦然接受这一事实。有人心有不甘而走向了犯罪的道路，他们甚至认为"只要能绽放哪怕一瞬间的光彩，即便是犯罪也认了"。

我曾经听一位警务人员谈起，有的人为了能够登报或上电视而不惜以身试法，他们正是被想要露一次脸，或者说想要登上舞台这样的想法所驱动。也许你会觉得"这种人真是不可理喻"，毫无疑问，这是一条有去无回的路，然而，现代社会也存在那种处于犯罪边缘的危险的舞台，那些人面对的将是一场自导自演的悲剧。

涩谷街头曾经有一次陷入交通混乱，准确地说那次事件是因为人们为了观看在十字路口大屏幕上直播的足球比赛而无视交通规则所致。因为人们知道这时候闯红灯就有可能获得在电视直播中露脸的机会，而在正常的情况下，这种行为无疑是要被警察逮捕的。

我在年轻的时候曾经参加过一个青年社团。年轻人之所以愿意加入这样的组织，有的是为了能够认真地讨论未来生活，有的则是为了能够借机开着摩托车在六本木的马路上横冲直撞。

其中不乏很多日后著名的明星，当然，大部分年轻人都在警察的劝说下最终选择了离开。

我当时作为一名媒体人，同社团里各个层面的人都打过交道，发现其中既有为了改变思考方式和提高实践能力而想登上社会舞台的人，也有正处于社会底层想翻身的人，甚至还有沉溺于酒色的未成年人。

那个时期可以称得上日本剧场化社会到来之前的黎明时分，想要交流各自的理想并付诸行动的年轻人每天晚上都会参加集会。

对这种行为表示赞同的人们后来也开始登上舞台，成为电视媒体中的主角。作为时代的见证人，我曾亲眼见过他们当年的风采。

如果说日本的剧场化社会开始于 20 世纪 60 年代也并不为过，那时的我就已经知道了占据先驱优势的重要性。

第 **2** 幕

即刻登场，
舞出人生

开场白

搭好台，扮上妆，

生活是出好戏，你莫错过。

第6场 【扮相】

你有独特扮相吗

ACTION　看别人演好戏，也演好自己的戏

　　当今时代，那些总认为"单靠我自己不行"的人将越来越难以生存，因为他们无意中采取了一种"退场式"的生存方式。

　　如果你也曾采取过这种生存方式，那么不妨试试反其道

而行之。就舞台表演整体而言，仅仅依靠站在舞台上的人吸引观众是不够的，幕后的人也必须发挥作用。

在大型舞台表演中，所谓幕后的人，是指从导演、编剧、作家到售票员、营销人员、宣传人员各色人等。大家和演员一起撑起一台戏。

近年来，演讲、研讨会、培训等活动正以惊人的速度不断发展。一场活动的策划工作变得越来越复杂，而如何吸引更多参加者的工作也显得越来越重要，需要投入大量的人力和精力。

在舞台上享受高光时刻的人固然有天然的优势，而将他们捧上舞台的幕后人员同样十分重要。这些人可以组成团队，哪怕是一次小型的讲座，我们同样需要组建这样的团队。

任何一次表演都有可能得到资金支持，这一点是十分重要的。最初的收入有多少其实并不必在意，因为"能够起步"才是最重要的。

通过自己的演说、技能和经验分享获得哪怕一两个粉丝，也意味着将来你有可能获得登上大舞台的机会。

即便是小型的讲座，如果一年可以举办 100 次，每次你都可以在数百人面前表达自己的观点，这样也会有非常震撼的效果。为了实现这一步，你必须有自己的专属特长，或者可以通过建立自己的社群来提高影响力。

在现代社会，只要有一部手机，提高影响力便不再是梦想。我就是通过 Facebook 来增加粉丝量的，当然用 Twitter 也可以。

你不应只为别人"点赞"，而要成为被别人"点赞"的那个人。

我还算有一些生活经验，并且从文章的写作方法，到女性心理学、阅读方法、社交技巧等，我涉猎的领域比较广。另外，我年事已高且还算健康，所以我也经常在平台上分享养生心得。

你有没有比较擅长的领域呢？现代社会，人们愿意终身学习，也更喜欢定制化的学习。有些人可以教别人一些实用性的小技能，包括收纳方法、烹饪技巧、育儿方式等，这就是他们在舞台上独特的扮相，也是他们的优势所在。

第 7 场 【信念】

把"我肯定不行"抛到脑后

ACTION 怯场只会让你沦为看客

　　面对挑战，总爱说"我怎么能行""我肯定不行"的人并不在少数，那是因为这些人从小就被娇生惯养，等到了成年时期，这种娇惯的后果就会以"怯懦""胆小怕事"的形式表现出来。

像我这样经历过战争的一代人，就连往哪个方向躲避空袭也必须由自己做决定，而我清晰地记得母亲从小就教导我"要向着人少的地方跑"。

我就是在这种思想的灌输下长大的。我一直相信如果成为多数人就会带来损失。

如果你也这么想，你就会觉得一切皆有可能。如果有人对你说"上台表演吧"，你也会痛快地答应下来。

这样你就会有一种胆识，"不可能"这个词就会从你的字典里消失。

如果你一直胆怯下去，你的人生就只能成为"为别人贡献的一生"。你只能坐在属于别人的剧场观众席上，欣赏别人的演出，并为此买单。

换一种表述方式，当你成为大多数人中的一员，你就只能是芸芸众生和普通观众。剧场化社会其实非常残酷，观众只能用自己辛苦赚来的钱买票，坐着地铁去看别人当主角的演出。

一句"我怎么能行"就可能失去登台的机会，而一旦成了别人的观众，你就会离自己的舞台越来越远。

我的建议是，从现在起就要培养自己成为主角的意识，5个人也好，10个人也罢，我们要有意识地培养因自己的表演而感动的观众群体。

如果你擅长骑自行车，就好好练习这项运动；如果你和我一样擅长说服朋友，就好好磨炼这种技能，说不定有一天你就可以登上即兴表达的舞台；如果你可以成为一名魔术师，就要去俘获更多的观众。有人擅长跳舞，也有人擅长吵架，还有人可以因为奇思妙想而成为大明星。

无论多么微不足道的事情，如果你会经营，都可以变成一技之长。我一直认为，每个人都有自己擅长的技能。

第8场 【潜力】
重新定义才能

ACTION "无用"的才能

你拥有什么样的才能？你是否认为自己其实没什么特殊的能力？这是因为你把才能看成了一种十分耀眼又罕见的能力。

在现代社会，才能没有大小之分，也不受年龄的限制。

成年人和小朋友较量就一定能赢吗？说实话，成年人也有比不过小朋友的时候。

就拿折纸鹤来说吧，如果用一张很大的纸去折，恐怕谁都能做到。可是如果用一张很小的纸来折呢？可能只有小朋友的那双小手才能折出精致小巧的纸鹤。

即便是一种非常"无聊"又看似"无用"的才能，在如今的时代也可能变得十分引人注目。

最近，日本的高速公路上出现了一种叫作"挑衅性驾驶"的恶意驾驶行为。驾驶者在驾驶方面的确具有特殊才能，却故意挑衅其他司机，最终导致交通事故。其实，如果这些人能将这一技能用到合适的地方，他们很快就可以找到表现自我的舞台。

很久以前，我接受过一位有过一面之缘的警察的邀请，参加了一项名为"有趣的实验"的活动。活动在警察局内部的会议室举行，我欣然前往。

活动的内容是在会议室听一位男士做报告，当时不少警务工作者也都参加了，报告的内容居然是有关盗窃的"经验谈"。做报告的男士曾经是一名"高手"，后来洗心革面，如今他在全国各地进行巡回演讲，教人们如何保护好自己的财物。

可以说这是一个将自己的"特殊技能"用到合适的地方的例子。在报告过程中，我还被这位男士邀请做了一次示范演示，当他扮演的"路人"从身旁经过时，不知不觉中我放在衣服内兜里的钱包就被偷走了！

这件事如果放到今天，那位男士可能已经成为名人了。因为他拥有一种非常特别的技能。

再举一个例子，2018年夏天，山口县有一个2岁的小朋友走丢了。当他的家人已近乎绝望时，一位男性志愿者找到了这个小朋友。这位男士当时说了一句十分专业的话："小朋友在山里走丢时往往会往高处走而不会往低处走。"

那位男士不愿透露自己的个人信息，也没有在电视上露面。如果他愿意现身的话，恐怕可以作为一名寻人高手而一举成名。

无论什么年龄，无论男女老少，每个人都有自己的专属特长。就连我自己也曾经在电视上用三寸不烂之舌获得了还说得过去的收视率。

你是否也拥有属于自己的小特长呢？千万不要妄自菲薄地认为"这没什么大不了的"，而要好好地思考一下如何发挥这种特长。

第9场 【替身】
没有技术也能成功

——

ACTION 把不擅长的部分让别人来做

在过去，只要你学过美容技术，开一所小型美容院是没有问题的。然而现在，这已经是不可能的事情了。开一家拉面馆现在也变得十分困难了。我们即便学习了让人变美、让面更好吃的技术，如果没有吸引顾客的本领，也同样无法获得成功。

反过来说，只要你掌握了吸引顾客的技术，无论是美容院还是拉面店都可以成为你开发的一个项目。甚至你即便没有掌握吸引顾客的技术，只要能在网上建立一个吸引顾客的网站，同样也会有获得成功的机会。

在当今时代，不是文学科班出身并不意味着就不能进行文学创作。为什么会出现这种情况呢？那是因为人们可以制订计划，从作品写作到图书制作都可以找别人来操作。不一定每件事我们都要亲力亲为，生活中谁都需要一个替身演员，对于自己无法完成的部分，我们可以选择与擅长的人合作，让别人来做就可以了。

日本社会曾经的生存逻辑是必须"自己成为专家"，然后经过数十年的学习、实践，一步一步地向着高处前进，因而在一个领域里积累了丰富经验的人往往具有更高的市场价值。

然而，随着 IT 技术的发展，可以断言，年轻一代掌握着更高超的技术。在日本，IT 技术人员如果年龄超过 40 岁，就有可能面临应聘时被拒绝的窘境。有经验就可以获得特殊待遇的时代早已过去。

深知这一点的年轻一代早已认识到了普通职业者的危机，因而他们开始尽力避免让自己成为普通的"大多数"。

在现代社会，作家的含义很宽泛。只要有条件，你甚至可以拥有自己的写作团队。这样的团队也可以光明正大地登上舞台，以"如何写出畅销书"为题，办一场讲座，与更多人交流经验。

写作不过是一个领域，通过举行类似的讲座而获得成功的如今已大有人在，他们也是当之无愧的大明星。

你是否也开始考虑自己能和谁组成团队，通过何种途径取得之类的问题呢？相信你一定能够找到自己独特的方法。

第10场 【转场】
随时迎接新挑战

ACTION 留一条后路

古语云"士别三日当刮目相看"，意思是说一个人在很短的时间内就有可能发生翻天覆地的变化。

我们也可以将这句话放在自己的身上验证。如今的时代变化越来越快，你必须成为那个可以立即应对变化的人，否则便难免被时代抛弃。如果你的公司倒闭了，你必须能够立刻投入新的工作中，而不是每天为了找到新的工作而四处奔波，要知道如今的世道谁都不容易。

用一种形象的方式来说，在剧场化社会，如果这边的小剧场演出结束了，我们必须能马上投入下一个小剧场的表演中。也就是说，我们必须随时为自己准备好下一份工作。

我认识一位名叫石川和男的作家。当然，他并不仅仅是一名作家，他从一所普通的高中毕业后，进入一家建筑公司上班，后来又被分配到财务部门，据说当时他对何谓记账所知甚少。

这个人是在某一天一时念起后，就摇身一变，成了一个三头六臂式的活跃人物。他最新的一部著作是《零加班笔记术》。令人难以置信的是，目前他居然同时从事着建筑公司会计师、大学讲师、时间管理咨询顾问、培训讲师、税务会计师、作家等不同的工作。

我们可以理解他"希望过上更好的生活"的心情，如果你真的想成功，没有这种劲头就无法成为舞台上最受欢迎的角色。也许你会觉得，不能成为那样受欢迎的角色也无所谓。可是，就如同火车出站一样，我们要迈出第一步是需要极为强大的推动力的。

我自己也许是因为好运才得到关注并成为舞台上的主角的，即便如此，在最开始时我也是得到了多方的援助才走到今天的。

无论如何，你必须在第一份工作中比别人更加出色，否则你就只能拥有一次登上舞台的机会，很难第二次登上舞台。原因就在于你的后辈很快就会成长起来。

在日本，人们都说"一年之计在于正月的前三天"，那么就请大家好好利用这短短三天的时间快速成长起来吧。

第 11 场 【整合】

两只"兔子"一起追

ACTION　设定多个目标

日本有一句谚语："同时追两只兔子，一只都得不到。"
这句话告诉我们要选定一个目标去追逐才能达到目的。可是，
时代发生了改变，这种观点已并非定论。

如今的时代就是要求我们两只"兔子"一起追。正如一

些年轻的创业者寄给我的贺年卡上写的，"我去年开了两家公司，今年还要开三家公司"，就是要有这种劲头才对。

同时经营多家小公司和经营多功能影院的情况类似，一家影院往往会设置多间放映厅，而大厅、售票处、小卖铺等则可以共享，这是一种十分经济的运营方式。

而且因为拥有多种类型的放映厅，影院经营者还可以将顾客分流到相对小一些的放映厅，从而提高运营效率。这已经不是两只"兔子"一起追，而是三只、四只"兔子"一起追了。

如今，在出版界也开始了这种运营模式。一些大型出版社将中小型分社进行了合并，让其相互转让擅长的经营领域。在这种情况下，会计、营销、公关部门也得到了整合，这样做极大地提高了运营效率。

在婚姻恋爱中，这种观点也同样成立。"无法喜欢上一个人"这样的想法会让你一辈子都找不到另一半。

暂且不论喜欢与否，首先你要有足够多的"候选人"。我们可以考虑通过加入一些社群来实现这一点，即便是与婚姻完全无关的社区也可以。

　　脱离单身的先决条件是要有足够多的朋友。朋友和熟人多了，你才有可能找到专属的爱人。

　　一味地坐在观众席上，人与人之间的自由交往便不可能实现。你可以选择登台表演，也可以选择在后台悄悄地赢得爱情。总之，无论做生意还是谈恋爱，拥有足够多的选择对象，才更容易找到适合自己的。

第12场 【波折】

成功之路必然坎坷

ACTION 你不会一直"跑龙套"

我的一位读者告诉我，他曾被他的父亲这样说教：

"成天想这些不着边际的事情，你在这世上怎么能活得下去？！你这样是不行的，这个社会哪有你想得那么简单？！"

我相信被这样教育的人一定为数不少。毫不留情地对你痛加斥责的父亲，在从前无疑是一种伟岸的形象，然而如今他们的想法已经落后于时代了。

如果我们总是不重视对信息的收集，就永远搞不懂如今的状况。不仅仅是父亲们，如果你自己也这样想，你心里也会觉得没底。

不仅是中年人，最近一些年轻人也开始产生只求安稳的倾向，令人惊讶的是，这样的人还在不断增多。越是从一流大学毕业、在著名企业工作的年轻人，就越安于现状。

如果你看一下那些著名的创业者的履历，你就会发现其中毕业于一流大学的人并不算多，从中我们可以察觉到新浪潮的方向。

无论什么时代，获得轻松上位资格的人，往往都不愿意再去做更多的努力，因为他们认为自己以后注定将拥有属于自己的大舞台。

然而，那些没能考上一流大学而最终读了普通学校的人、多次留级的人、中途退学的人，往往一开始便知道自己人生最落魄的景象是什么样子。

我常常这样说，只有那些在年轻时并非一帆风顺的人，才会想到另辟蹊径以获得成功。原因就在于他们已经开始看到事情发展的另一面了。

在演艺界也不乏这种能够顺利进入圈子的人。所谓的"星二代"或者那些容貌、个性都很出众的人，很快就能得到崭露头角的机会。

然而，那些毫无背景就进入演艺界且想要成名的人，则被列入了所谓的"艰难创业组"。他们要么在街头弹着吉他，要么奔走于各所学校巡演，要么在敬老院义务表演。我的一位好朋友就是放弃了上班族的生活，从街头弹唱开始，一步步成了著名歌手。

曾经多次获得大奖的歌手大野靖之，刚开始也曾游走于全国的小学、中学的礼堂开始自己的尝试，他同样需要在这样的场合下当着学生的面演唱。如今，他的事迹已经被写进了教科书，而他去表演过的学校据说已接近 1000 所了。

这些人当中，有的一跃成为声名显赫的巨星，拥有了大量的粉丝。由此可见，如今的时代，人们即便想着不着边际的事，也一样可以成名。

见识过人生落魄景象的人，在如今的社会才会有更高的成功概率。

第13场 【选角】

成名要趁早

━━━

ACTION 了解自己，准确定位

　　每个人都有不同的性格。性格不同，人生的道路也不同——有的人的路越走越宽，有的人的路越走越窄。

　　起决定性作用的，并不是那些所谓的"不可知因素"，而是"才能"这种可靠的能力，拥有这种能力就能够成功。当

然，也有人一出生便拥有了得天独厚的有利条件。在这些人当中，有的人不努力工作也可以有很好的生活。然而这样的人毕竟是少数，大多数人需要最大限度地将自己的能力发挥出来，才能改变命运。

能够站上舞台的人要有一定的胸襟。剧场化社会的到来，也意味着一个人必须有能在舞台上大显身手的性格，否则终究会被从舞台上轰下来。

毫无疑问，即便是先天条件很好的人，如果不尽早登上适合自己的舞台，到了中年以后也有被轰下台的危险。

此外，除了自己，人们还担心自己的孩子会面临各种问题。这种性格的人较为早熟。这种人如果不尽早发挥自己的才能，就是一种损失。

只要明白了这一点，你就不会放过任何成功的机会。此外，即便不看性格，在如今的时代，人们必须在50岁之前将自己的能力完全发挥出来，因为到了50岁之后，在有的领域就意味着你即将被淘汰。甚至在一些与IT相关的企业里，如果你在20多岁时还未能搞出些名堂，就已经不可能成名了。

时代越来越需要我们早日成熟，需要我们全力发挥自己的才能。ZOZOTOWN 社长前泽友作在 20 岁时就已经开始了进口唱片的邮购业务。

因此，首先要把握好自己的定位，认清自己在剧场化社会中究竟属于可以做主角的类型，还是属于可以做配角的类型，并要从小角色开始做起。

尤为重要的是，你是否知道和相信"剧场化社会已经到来"这件事。因为如果你完全不知道或者根本不相信这一点，你的能力就很难得到提升。

第14场 【突破】
崭露头角

ACTION　做好规划，锁定目标

　　再也没有比现代社会更容易崭露头角的时代了。现在，
有些人年纪轻轻就已经能够凭借实力与别人竞争了。

　　例如，乒乓球运动员张本智和、平野美宇，日本将棋七
段选手藤井聪太，他们都有着令人汗颜的"硬核"技能。

这些天才少男少女恐怕早已考虑好了"在什么年龄要做到什么程度"的问题，同时，他们也确实在按照计划稳步前进。

为什么这些人可以获得成功呢？是因为他们按照自己的意志行动，不会被他人干扰，一旦下定决心，就能够沿直线前进。

以前，你可以设定"十年当上科长，二十年当上处长"的目标，但决定你能否当上科长或处长的并不是你自己，而是你的公司，是公司的董事们。

当今社会，只要你自己下定决心，就可以自己创业，或者主导一个学习机构。

具体而言，只要有想法就可以制定自己的人生规划。哪怕是为了不浪费时间，你也应该试一试去为自己的人生制定一份规划。

我受到松本清张先生的启发，在 54 岁时辞去了公司的工作，开始创业。如果当时我就那样待在公司里的话，最终不过是等到退休，然后开始无聊而昏沉的生活。这样的人生其实是将自己陷入一种无路可走的境地，正是在这样的关头，我们才需要限定时间，挑战成名。

我辞去工作后，发现在当时成名的路只有一条，就是出版一本畅销书。然而今天则完全不同，我们既可以通过网络来增加粉丝，也可以寻找同伴一起创业、成立公司。

这里还有一点非常重要：所谓的"成名"并不一定就是要举国皆知，只要在一定的范围内就可以了。

以前有一种说法，"喜欢你的人只要达到 1000 人就是成功"。我们只需要在一定的范围内获得一定的名气，这其实并没有那么困难。

也就是说，你只要能够拥有 1000 个以上的粉丝，就可以生存下去，而成名则意味着你的名气是可以持续的。

自我赋能，
创造价值

———
开场白

穿上灯笼裤，能吃苦中苦。

冬练三九，夏练三伏。

练就手眼身法步，

走好不同的人生路。

第 15 场 【积累】
学习的时代

ACTION 技多不压身

最近，东京的会场租赁业务发展迅速，在一栋大楼里往往会有大大小小的多间会议室，不知情的人会误以为这是因为公司过多而导致写字楼不够用。

实际上，企业租这些会议室并非自己使用，而是为了请来一些老师做讲座。

为什么最近这样的活动异常火爆呢?

这是因为同过去相比,现在的教育理念已经发生了翻天覆地的变化。

以前,人们一提到老师,就有一种"一日为师终身为父"的意味。以我个人为例,在我的成长历程中,有小学班主任、高中班主任和大学时代的恩师等几位重要的老师,我的人生目标可以说也是在这三位老师的指导下得以实现的。

然而到了现在,还在坚持这种"终身为父式"指导的老师已越来越少。或者说,即便学校的老师想指导,学生也已经没有足够的时间了。学生要上各种课外班,还有家庭教师的课。仅仅是应试辅导,日程就已经被排得满满的了。

当你注意到这一点时你会发现,当今社会,无论男女都已经逐渐不懂得如何安排自己的人生路线了。而在过去,人们在大学时代就早已注意到这个问题,并开始跟随自己的人生导师学习如何去做了。

虽然我们可以学习的内容有很多,但是赚钱的技巧却是必不可少的。现在已经到了做父亲年龄的人如果年收入在1000万日元以下，那么他在儿女眼中可能已经是一个"失败者"了。

那是因为，现在的年轻人认为，在他们接下来的人生当中，最重要的不是地位也不是名声，而是"财富"。

野村综合研究所和瑞信银行的一项调查表明，在日本拥有1亿日元以上金融资产的富有阶层有212万人，也就是说，大约每50人当中就有1人拥有这样的财富。

今后还将有更多年轻人想进入这一阶层。当然，通过继承父母的财产，个别人也可以一举实现这个目标。然而，离普通年轻人更近一些的目标是通过自己的聪明才智获得财富。

这样的年轻人正在不断涌向各类培训班。除了金融领域的培训班外，其他培训班同样备受欢迎。

第16场 【成长】

与优秀的人成为伙伴

ACTION 用实力赢得认可

在日本，有一句话叫作"女人的敌人是女人"，这句话的本意是说人与人之间的嫉妒。在现实生活中，有人把这句话当成座右铭，总对别人心存芥蒂，认为即便自己有机会登上舞台，也可能因遭受流言的攻击而面临失去舞台的风险。

这无疑是一种负面思考。当今时代，无论男人还是女人，都不应该总是从负面审视别人。如果有人仍然这样想，那么他恐怕早已与时代脱节了。

我们应该抛掉嫉妒心，如果你的伙伴中有一位足够优秀的女性，你就应该积极邀请她加入自己的团队。

其实，在商业领域的优秀与在学校的成绩关系不大。你在学校的成绩是由你的学习态度及基础科目分数决定的，而你在生意场上的成绩取决于你的销售业绩——公司不会因为你在学校的基础科目分数高就认定你是优秀的。

只有了解了这些，你才能懂得从有成就的人身上学到东西才是最重要的。在个人情感层面你也许不能接受这个人，但你要看自己能从这个人身上学到什么，这样你才能更快地得到别人的认可。

若想得到社会的认可，就必须掌握符合时代要求的工作方法和处世之道，这样的人才是真正懂得剧场化社会生存逻辑的人。

优秀的女性在其对手看来可能完全是一副"女王的做

派"，然而，新时代女性就应该有一种"女王范儿"。

当然，即便是女王，也有和气的女王和高傲的女王之分。我们不要总用"女人的敌人是女人"这样的观念看人，而要思考应该从别人身上学到些什么。

其实，偶尔看一看电视你就会明白，如果你有实力，总会有妒忌你的人出现。换一种说法就是，当你通过自己的努力获得符合时代发展的实力、成了时代的宠儿时，你的敌人就必然会出现。

无论是谁，只要有意愿并付出努力，就可以踏上属于自己的大舞台。为此，我们必须积累丰富的经验，不要害怕经历一些事情，包括遭遇嫉妒。

在别人面前发表自己的意见是一种什么体验？成功和失败都有哪些类型？如果你完全没有这方面的经验，那么就从现在开始刻意练习，同时也要把这些经验与一部分人分享。是的，总会有一部分人愿意听一听你的经验分享。

长此以往，你的经验就会逐渐丰富起来，无论对于什么事你也都能有一番自己的经验之谈了。

第17场 【志向】

不做二流演员

——

ACTION 感动别人

在地铁上或酒吧里你总能看到这样的场景：几个上班族打扮的男人聚在一起谈论着什么。如果你有意无意地听一下，常常会听到类似这样的称赞。

- 那家伙可真厉害！
- 虽然那家伙挺讨厌的，但确实有能耐。

事实上，说出这样的话往往意味着说话人其实并不能站在管理者的角度看问题。如果在一场竞聘会上，说话人的表现恐怕不如他所谈到的那个人。

如果这样的思维不断重复加深，不知不觉中你就会成为一个"听众式"的人物，一动不动地坐在椅子上，换言之，你会成为一个"记笔记的人"。如果你变成了这种"记笔记的人"，就意味着在某时某地你要去使用笔记上的内容。比如，在一场讲座中，如果主讲人总是在说"某某先生曾说"之类的话，那么他只能算一名二流的讲师。

你当然可以因为一次演讲而感动，但以我的经验来看，在听演讲的过程中绝对不要记笔记。能够做到这一点的人，有一天他自己也可以站上舞台演讲。我基本上不会去听别人的演讲或讲座，因为我怕听到这些言论而轻易产生没有价值的"感动"。

能够站到舞台上的人，自然都能讲出一些精彩的内容，所以你也会在不知不觉中拿出笔记本记录下来。然而长此以往，你就永远也无法超越舞台上的人。

在高尔夫球或网球比赛中也是如此，如果你总是为别人喝彩，说着"好球"之类的话，那么你自己的成绩可能只能用"惨不忍睹"这个词来形容了。类似"为什么别人可以打出如此精彩的一球"的想法会引起情绪的波动，从而会乱了自己的阵脚。

别人是别人，自己是自己，不必在意别人怎么做，要建立自己的理论体系。

我很早就使用"OL"（Office Lady，白领女性）这个词，是因为我确信"这样的时代必将到来"。如今，我在本书中提出了"剧场化社会"这个词，其构想也是我所提出的"女性化社会"一词的延续。

不要只是被别人的话所感动，将这些想法真正地融入自己的思想体系之中才是最重要的。即便你身边有能够说一口流利的外语的同事，也不必总想着"我可比不上人家"。

当然，你必须在知识、信息、谈吐等方面让自己产生足够的自信。你必须切实地掌握当下人们都想获得的知识和技术，这将决定你的胜负。就像高尔夫球或网球培训一样，你至少需要拥有让高手愿意教你的底层实力。从现在开始也为时不晚，不要只被别人的话所折服，而尝试做一个感动别人的人吧！

第 18 场 【叫座】
满足观众的需求

ACTION 内容才是王道

你知道歌舞伎座 [1] 的舞台与其周边的小舞台的区别在哪里吗？简而言之，主要区别就在于"是否能够长期上演剧目"

---

[1] 歌舞伎座指位于东京银座的歌舞伎专用剧场。——译者注

这一点。

歌舞伎座的舞台可以实现长期上演剧目的目标，而普通小舞台则不行。其原因在于粉丝群体的不同，也在于名角和三流演员的不同。正因为剧场化社会已经到来，那些只跟随老师学会了一两个剧目的三流演员很快就不得不从舞台上退场。

在现在的各种培训中，"成为亿万富豪的方法"这样的主题占据着主导地位，当然，相关主题也包括"如何提高自身能力""如何增加收入""如何出人头地"等。正因为人人都想听这样的内容，所以各类培训机构的讲师只要保证内容精彩，现场的气氛就一定很好。

你只有知道什么是受欢迎的主题，才有可能成为舞台上叫座的角儿。明白了这一点，一个三流演员想一举成为二流演员甚至一流演员，便不仅仅是梦想了。

很多培训师在举办演讲会、开设培训班之前，都会招募志愿者来帮忙。只要你愿意做志愿者，并且还能不断地积累相关经验，你就会明白很多道理。

- 什么样的题目能够吸引参加者？
- 怎样表达才能让参加者心满意足、有强烈的获得感？
- 什么样的题目能够让男听众／女听众产生强烈反应？他们分别处于什么年龄段？
- 在星期几或者在什么时间段举行演讲会，来参加的人会更多？
- 定多少入场费才合适？
- 是让讲师一个人讲好，还是请嘉宾暖场更好一些？
- 应该为参加者提供什么样的服务？

如果参照上述问题认真研究每一场讲座，你一定会有所收获。我建议你尽量参加不同风格的讲座，因为反复去听同一位讲师的讲座，其作用是有限的。

既然你想学习真本事、快速成长起来，就应当关注热门的培训、讲座、演讲的实际生态，找到那些人"叫座"的底层原因。

可是据我所知，在很多情况下，仅仅因为"是自己喜欢的讲师"而来参加培训班的人似乎更多一些。是要仅仅根据自己的喜好来决定是否参加一次培训，还是要时刻注意自己通过这次培训能够学到什么从而有选择地参加培训？这是需要我们思考的问题。

剧场化社会
演好自己角色的 8 个法则和 56 场好戏

第 19 场 【畅销】

如何推销自己

▬▬▬

ACTION 练就演员思维

如果有机会，我建议你不妨先试着出版一本书。当然，作为一个无名的新人，出版一本书可能并没有想象的那么容易，现在新人的书往往销量不佳。

除了作家和名人，很少有人能够写出畅销书。然而，那些活跃在小舞台上的人可能会不以为然，他们已经听惯了别人对自己的恭维，误认为自己也是少数成功人士中的一员。

实际上，在日本能够写出畅销书的人，应该是在线下能够吸引超过 1000 名观众的人，或者是一年可以开 100 多次讲座的人，或者是那些在线上拥有大量粉丝的人。

我们可以举一个例子。假设你是一名培训班的讲师，同时出版了一本相关领域的书，你在做讲座的时候可以顺便宣传自己的书。如果你的培训班一直在东京举办，哪怕是开了上百次，能够来的人群基本上也是固定的。然而，如果培训班是在全国举办，你每次都会面对不同的听众。假设你每次可以卖 50 本书的话，一年举办 100 回就可以卖 5000 本书，这样的出版就有价值了。

如果你真的想在大舞台上一显身手，就必须把自己当成一名演员。演员到底怎样做才能不断提高自己的人气呢？我们不妨现在就来探讨一下。

人气明星大谷由里子曾经是吉本兴业❶的一名员工，做过演员横山康的经纪人。大谷女士致力于培养职业演说家，我建议想要打下坚实基础并成为演说家的人，不妨去跟大谷女士学习一下。

普通人仅凭自己的力量是很难成为一名知名艺人的，培训机构的讲师也一样，仅凭自己的力量很难成名。与盲目地去听那些名讲师的演说相比，踏踏实实地进行一些基本功的学习才更加重要。

出版一本书可以找人润笔，在演讲中却行不通。你能借力的也许只是一台计算机，凭借这台计算机你能吸引到大量的听众吗？显然是不能的，最重要的还是要靠你自己的表达力。

另外，出书和演讲的根本差异在于，听演讲的人往往比讲师年龄小一些，经验欠缺一些，因而讲师往往采取一种说

---

❶ 日本著名艺人经纪公司。——译者注

教的语气。而图书出版后你却不知道是什么样的人会买来阅读，读者的水平有可能在作者之上，因此作者要调整好语气，才能顺畅地与读者对话。

第 20 场 【台词】
演说和表达更重要

ACTION 练就即兴思维

　　近年来，许多学校常常会举办演讲比赛。在这样的比赛中，你总会发现抱怨"我家孩子的语言表达能力不行"的妈妈们，却很少看到爸爸们的身影。这是为什么呢？这是因为妈妈们更了解社会新的变化，而爸爸们却往往是以"工作和职场"为中心来看这个社会的；他们会认为"孩子还小"，甚至有的爸爸还会反驳"光有嘴上功夫，将来也没什么大用"。这种想法无疑是错误的，我们应该认识到未来的孩子将遇到更多的新事物。

如果你的家庭也处于这种氛围之中，请务必引起重视，因为今后的时代将是一个"由即兴表达来决定成败的时代"，也就是说，这是一个演说和表达的时代。

亲手写底稿、亲手打字的时代已经渐渐远去，一个"直接说出来"的时代到来了，语音功能就是在这种背景下产生的。

人气作家永松茂久先生习惯直接用手机语音功能记录原稿。我在使用手机录音时，因为表达方式的问题，总是需要不断退回重来；而永松先生却可以做到不用更改、直接成文。

较为保守的人认为，原稿如果不是自己亲手写出来的，就是没有价值的。其实，"用耳朵阅读"更适合现代社会快节奏的生活。

原因就在于我们"用眼睛阅读"比较辛苦，时间一长可能就读不下去了。

用耳朵来听会比"用眼睛阅读"轻松许多。习惯了"用眼睛阅读"的传统读者，终究无法摆脱获取信息和知识的速度越来越慢的窘境。而适应了"用耳朵阅读"的人，在走路、坐车甚至开车的同时都可以获取信息，其效率无疑会更高。

父母应该愿意拿出时间，从孩子小时候起就多带他们去剧场观看表演。回家后，父母可以帮助孩子回忆一下观看的内容，最好还要引导他们进行模仿练习。如果条件允许，父母也可以在家里给孩子留出一个空间，让他们随时可以在那里即兴表演。

如果你的工作环境始终一片寂静，那么在下班后你说话的欲望也不会太强烈。我对这样的工作敬而远之，因为这样的工作不能锻炼自己当众讲话的能力。

总是伏案工作的人，往往只能在台下仰望别人表演，这样的人未来也很难成为在舞台上大放光彩的人。

第 21 场 【人设】
与众不同的形象

ACTION 亮出你的特质

这些年来，每年 12 月我都会在大谷由里子女士主办的"全国讲师选拔大赛"上担任评委。大赛很火热，包括网络粉丝在内，每年都能得到数万人的关注。

为什么会有这么多人关注这种大赛呢？我想这是因为很

多人希望通过这种比赛成功出道、一鸣惊人。

通过这种方式崭露头角的人物确实为数不少，其中包括畅销书《即刻止步：不要再廉价推销自己》的作者冈崎勉明、《不漂亮就赚不到钱》的作者渡边雪代、《人设决定一切》的作者大内优等，我在此就不一一列举了。

这些可以称得上"舞台派"的年轻人掀起了一股社会浪潮，凭借个人的力量就可以在演讲会上吸引很多人，这些人走在了时代的风口浪尖上。在以后的比赛中，恐怕还会不断地有优秀的年轻人出现在这样的舞台上，我想这正是如今这个时代人们的生存方式和工作方式。

优秀的人设定人设的本领也是超群的。比如冈崎勉明先生，即便在隆冬季节，他也总是只穿着短袖衬衣和短裤，仅凭这一点就能让人感受到他充满能量的强大人格魅力；渡边雪代女士人如其名，她总是那么端庄而得体；大内优女士则无论何时总是戴着一顶红色的帽子，她展现个性的能力比人气搞笑艺人还要高出一筹。

我虽然也是一大把年纪了，但是一直请着名美容工作室高田马场分店的首席设计师仓桥木美女士设计发型。所以，作为一名时尚的女性问题专家，我无论走到哪里都不会怯场。

没有特定人设的人，只能算作普通大众中的一员，无法成为出类拔萃、备受关注的人。

在外观上就表现得与众不同的人，他的思想也往往有着与众不同之处。

当今时代，做什么事都慢半拍的人注定得不偿失，或者说难成大器。以前，读一读报纸，我们就能知道周围的世界发生了什么而不至于落后于时代。今天，人们则通过网络获取信息，换句话说，已经出现了一种"较量"——谁先掌握信息，谁就更容易胜出。

如果你已经决定正式登上舞台，你就必须对信息更加敏感。而你的人设则是信息敏感度的集中体现。

人际关系与
舞台生活

―――
开场白

机遇总是乔装而来，不以真面目示人。

它藏在邂逅的一盏茶里，藏在陌生人的一句寒暄里，

却经常和那些匆忙的人擦肩而过，

留下绵绵不绝的悔恨。

第22场 【持续】
社会性身份

ACTION 推向舞台的自驱力

日本人很重视寄贺年卡这件事。然而，到了我这个年龄，你会发现自己收到的贺年卡越来越少。

这当然是因为工作伙伴迅速减少的缘故。据说最近很多人会在贺年卡上加上一句"从明年起恕本人不再寄送贺年卡"，这是因为越来越多的人想通过这种方式整理自己的人际关系。

这对那些本来就不是每年都寄贺年卡的人来说自然是无所谓的，但对于长年累月一直坚持寄贺年卡的人来说，以这种方式结束自己寄贺年卡的历程，就相当于抹杀了自己的社会性身份。

这样做不仅意味着这个人不打算再次登上舞台，也意味着他连观众席都一起放弃了。简而言之，他相当于宣布了自己的"社会性死亡"。我们可以理解为这个人虽然还活着，但他已经不打算出门社交了。

当然，因为年龄大了产生这种行为也是无可厚非的。但是，老年人的精气神有时候也来自他们的回忆。看着收到的贺年卡上的名字，过去的记忆便会苏醒，有时候他们的气色也会马上好起来。

据我所知，有位老先生曾经交往过的女性在结婚后本来已不再给他寄贺年卡了，但有一年，她突然寄来贺年卡并署上自己的姓氏❶。这位老先生根据姓氏的变化察觉到女方已经离婚，于是重新展开攻势；他本人也因此觉得生活充满无限的可能性，比以前精神了许多。

这个案例说的就是如何让自己"复活"，重新活成舞台的主角。

生活中的舞台有各种不同的形式：既有要赌上身家财产的舞台，也有要赌上事业生命的舞台；既有像电视媒体这样广阔的舞台，也有像在自己家里举办的小型学习会这样的小舞台。观众人数上虽有或多或少的差别，但表演者都拥有属于这个舞台的专属观众。

站在这些舞台上的演员，年龄上并没有限制：既有像芦田爱菜小朋友这样年仅 3 岁就进入娱乐界的童星，也有像赤木春惠女士这样 88 岁高龄还能担任电影女主角的人。可以说这些人都拥有吸引大众的魅力。

---

❶ 日本女性在结婚后一般要改成丈夫的姓氏，在贺年卡上署自己的姓氏暗示该女性已经恢复了单身状态。——译者注

如此看来，自己主动舍弃人际关系，也就相当于主动舍弃了自己的舞台生活。

只要生命不息，我就要坚持通过寄贺年卡和更新博客状态等方式来向外界传达自己的生活状况。当然，我们通过这种方式也可以认识新的朋友。

我相信这样做也能产生一种把自己重新推向舞台的自驱力。

第23场 【后盾】

依附能者

——

　　大约 60 年前，也就是我刚刚参加工作的时候，无论什么领域都有被称为"领导者"的实力派人物。当时，在我所熟悉的历史小说界，山手树一郎、长谷川伸等一流作家都带领他们的弟子主办了各种学习会。

这些领导者后来成了学习会的导师，而弟子们的身份却始终没有变化。这些弟子就像鮣鱼❶一样，一直依附在导师身边，从最基本的知识开始学习。一些口无遮拦的人骂他们"抱大腿"或者"沾老师的光"，事实上老师和弟子本来就应该是这种关系。

丰臣秀吉曾全心全意地侍奉织田信长，丰臣秀吉就是要让周围的人知道"我的靠山就是信长公"，他后来的名气甚至超过了织田信长。这其实是一种正确的方法。正因如此，丰臣秀吉才能够迅速登上历史大舞台。而那些没有后盾的诸侯是无法与之抗衡的，他们会被有强大后盾的武将逐步消灭。

这里所说的"后盾"就是现在的人际关系，你的导师就是你的后援力量。

虽说如此，谁都无法保证自己一定能够拥有最强后援。拥有最强后援的人，也一定是拥有较强工作能力的人，同时

---

❶ 一种鱼，头部有吸盘，经常吸附在船底或大鱼身上，借此获得食物。——译者注

他也必须得到导师的信任，而这并不是一件很容易的事。

但是即便无法做到这一点，也还是会有一些让人恨不起来的人：

- 胖乎乎人；
- 干瘦的人；
- 小个子的人；
- 卷头发的人；
- 光头的人；
- 长得不太好看的人。

以上六种人虽然容易遭人嘲笑，但同时也容易让人产生安全感，而且这些人在舞台上也是很引人注目的。他们容易引来笑声，也容易从别人那里得到自己想要的东西。

这种徒弟类型的人，可以像鲫鱼一样依附强者，放心地投入导师的怀抱。而容易让导师产生防备之心或容易引起别人反感的人则要慎重考虑自己该如何生存。

你是要学习鲫鱼的生存之道，从在别人的舞台上"跑龙套"干起，还是要自食其力去寻找自己的舞台？你应该好好地思考这个问题，并尽快做出决定。

第24场 【潜能】
尚未被发现的自我

ACTION 绽放你的才能

我曾经在大学任教，那个时期的我常常会在课堂上谈论"才能"这个词。

现在的年轻人大多是通过电脑或智能手机书写的，很少有人用笔书写。而那时候的我却喜欢让学生拿起毛笔，练习书法。值得一提的是，学生中不乏可以写出非常漂亮的毛笔字的人。

这件事说明了一个道理：缺乏尝试的机会将导致某种未知的才能被埋没。想必你也一定有某种才能因为没有被发现而被埋没的经历吧。

这就是"尚未被发现的自我"。每个人的身上都隐藏着一个连他本人都没见识过的自己。我虽然已经90岁了，但也坚信自己身上也一定有着未被发现的才能。

实际上，我在86岁时曾在东京百货大楼举办过书法展，当时我的作品意外收获了不少好评，而现在我开始意识到自己可能还有写俳句的才能。

相信如果坚持下去的话，不出几年我也许就可以举办一场俳句书法展，让更多的人看到我的作品。你们看，我已经这把年龄了，仍然可以不断发现自己的才能。

我认识一位名叫平栉田中的雕刻家，他在107岁高龄时依然坚称自己要工作到130岁，而且仍在不断地收集、购买雕刻用的材料。平栉先生至今仍然毫不怀疑在自己身上可以发现新的才能。

我在听别人讲话的时候从不记笔记，而是直接注视着对方的脸，这样做会让我在脑海中不断闪现出新的想法。有时候，我们在听别人讲话的过程中，会产生一些灵感。

我们可以将别人的言论当作催化剂，唤醒自己沉睡的才能。请尝试使用这种方法，你会找到更广阔的施展空间，也会发现许多连自己都意想不到的才能不断地涌现出来。

在我 20 多岁的时候，我记得有一位名叫森雅之的男演员颜值非常高，深受女性观众的喜爱，他还曾经与黑泽明导演合作过。

有一次他接受记者的采访，提问题的是一名女记者，森雅之先生很自然地拉过来一把椅子请对方坐下采访。你见过这样体贴又谦恭的名人吗？当时，他的这一行为对我产生了极大的触动。之后，我对如何与女性沟通交流，甚至对如何策划女性杂志都有了新的领悟。现在想来，我后来能够成为一名女性问题专家，与这件事也有一定的关系。

因此，请做个有心人，早日唤醒沉睡着的才能。

第25场 【邂逅】
每个人都有自己的机遇

——

ACTION 遇到改变你命运的那个人

　　我自认从小就没有什么特别的才能。而我的大哥则不同，他不仅有创作的才能，而且在十几岁就成了日本传统画派画家，还掌握了制鞋和裁剪西装的技术，可以说他拥有足够多的才能，可以轻松地脱颖而出。相比之下，作为家里小儿子的我却没有什么可圈可点的优点，只是一个平凡的孩子。

然而，是什么改变了我呢？契机就是因为一次生病。是一次生病把我推向了舞台，这样说也许会让大家摸不着头脑。可事实就是如此，是变化也好，是机会也罢，一个人想法的改变往往会在不经意之间发生。

那是我上中学时候的事情。当时，我患上了一种皮肤病，怎么也治不好。束手无策的医生最后告诉我"可以试试泡硫磺温泉，如果这样也治不好就没办法了"。后来哥哥帮我打听到了位于神奈川县的一处名叫芦之泉的温泉，于是我便开始了温泉疗法。在那里，我结识了一位改变我命运的人。他是一位作家，他觉得我长得非常像著名作家太宰治❶。后来经过多位作家、评论家，还有太宰治二女儿的确认，我才知道自己"基本上可以确定是太宰治本人"。

还记得那时候，那位作家建议我去写诗歌和小说，将来去出版社工作。我接受了这个建议，并从那一年开始创作诗

---

❶ 日本著名小说家，主要作品有《人间失格》《斜阳》等。——译者注

歌、积极投稿，还创办了文学杂志，就这样我一下子进入了属于我的剧场。

诗人和小说家的世界是一个凭才能说话的世界。当时的我并没有顾忌自己的年龄和资历，也并没有坐在普通观众席上，而是直接站到了表演舞台上。

从那时候起，我开始相信人与人之间确实存在一种很奇妙的作用力，看似普通的邂逅竟然能对自己的未来产生如此大的影响。我的幸运可以说就是从那天开始的。

也许你会认为这种幸运一般人很难遇到，确实如此。然而我们必须承认，运气或机会是一种可以捡到的东西，而我们要做的就是敞开心扉，让运气有机会进来。

第 26 场 【回应】
恰到好处的答复

ACTION 　表明你的态度

　　很多人习惯用"好的"这个词回复别人，我将这种人专门分为一类，当我问"你看这样做怎么样"的时候，他只会说"好的"。

　　当我问"加入我的学习会如何"的时候，一个人如果只是回答"好的"，我就会判定"这个人是不行的"，有时甚至不愿意再理会他。也许一个人在回答"好的"的时候心里确实是愿意的，但是日语中的"好的"这个词终究不是英语中的"Yes, I do"。

例如，在日语中，"遗憾"一词有着十分微妙的含义：

- 强烈谴责；
- 谴责；
- 感到非常遗憾；
- 感到遗憾；
- 深表忧虑；
- 忧虑；
- 十分担心；
- 担心。

由此可见，同样的回复会因为每个人的理解不同而产生微妙的差别。但无论怎样说，在问答双方地位有差别的情况下，居于下位者必须做出更明确的回答。那是因为一条回复也许并不会对居于上位者产生什么影响，却可能在很大程度上改变居于下位者的命运。

我曾经与在昭和文坛上大放异彩的多位文豪有过接触，这些人最为在意的就是回复的方式与时机。作家都是写文章的能手，和他们打交道时你必须非常注意这两点。

如果你不经意地回答一句"好的"，很可能就会被追问"你是什么意思"。所以，你要在"好的"后面尽量加上"那我就洗耳恭听了""那我就却之不恭了"等表示你的具体行为的动词。三岛由纪夫对于时间的要求非常严格，和他见面如果迟到1分钟也会令他感到烦躁不安，所以我每次都比约定的时间早10分钟到达。虽然我个人对时间的要求没有那么严格，但约好和我见面的人如果迟到了，我也会在评价这个人时适当"减分"。

你是否也希望在职场上能够一跃而上，站到比别人更高的舞台上呢？可是，如果无法得到上位者的赏识，更高的舞台只能遥不可及。

第 27 场 【搭建】

建立网络社区

ACTION 你的舞台够大吗

　　我们必须清楚，在未来职场，仅仅依靠个人是无法完成一项复杂的任务的。无论你怎样努力学习，一个人的知识量始终是有限的。

　　在日常工作中，人们常常会和同事一起聚餐，谈天说地，听一听前辈们的经验。但这种交流并不算跨领域的交流，它仍然局限于自己熟悉的领域。

如今，如果你不愿意与来自不同领域、不同生活环境、不同年龄段的人进行交流，那么你的格局就不够大。

由此可见，我们有必要建立自己的网络社区并不断扩大其范围。

我认为这种网络社区应该以信息交换为目的，而并不需要你和社区里的每个人都见面。即便是不擅长和别人打交道的人，如果想要建立一个这样的社区也是完全可行的。

在这样的社区中，自然会出现一些中心人物，他们就成了那些马上可以登上舞台的人。因此，无论多么小的一个社区，为了能让自己成为中心人物，我们都应该先做好功课，研究一下类似的社区。

现在，如果你打开 Facebook，就会发现每天都会不断涌现诸如"改良日本某某协会""某某先生（女士）粉丝团""快乐酒会团"等形形色色的网络社区。

我们不去判断这些社区孰优孰劣，重要的是这类现象意味着有一群正在对社区生态进行思考的人，有领导着这些社区的人，也有正在不断加入社区的人。这也意味着，如果你也愿意在 Facebook 上振臂一呼的话，你完全有可能建立属于自己的网络社区。

人们的兴趣爱好各有不同。记得以前曾经有人说过，在日本这个国家，如果根据兴趣爱好来进行分组的话，每组至少有 500 人。如此看来，召集 50 名或 100 名志同道合的人也并非完全不可能。

当然，你也可以凭借一个人的力量建立 10 个不同的网络社区，你要有成为社区领导者的勇气。

仍然不理解这一点的人，不妨去读一下松田充弘先生的《建立网络社区：自由生存提案》这本书，书中详细介绍了如何建立茶会、读书会、学习会、粉丝会等网络社区的方法。这些网络社区有不同的种类，有的以学习和知识交流为目的，有的就是简单的谈话会、爱好者协会。

第 28 场 【媒体】
用好网络平台

ACTION "躺平"不解决问题

当今时代，在现实生活中结交一个朋友变得越来越不容易，因为大家都很忙，很难彼此都有时间。特别是最近，大家都在说自己"没有朋友"；即便有朋友，我们也会因为在一起的机会越来越少而逐渐疏远。

正因如此，我才会经常使用 Facebook，不仅仅是为了发布一些个人的消息，也会不时地以一种审视的态度去看别人发布的消息。

总之，看一下一个人在 Facebook 上发布的消息，就可以在一定程度上了解这个人的能力。

在读别人的 Facebook 时，我们常常也会产生"好想认识这个人"的想法，这是因为通过对方的言论，你大致了解到了他的教养水平。

我每天都会在 Facebook 上发布一些内容，同时也是为了对我的读者进行调查。我每天按照不同的话题，发布一些篇幅适中的文章，"点赞"的人数会有轻微的浮动。通过这种方式，我就能弄清楚什么主题的培训班和演讲是有市场的。

我也一直要求我的公众号学员坚持这样做，有些学员已经取得了惊人的进步。因为我的要求比较严格，他们写起文章来也很不容易，但是逐渐习惯以后，如果一天不更新动态，他们就觉得很失落，即便到了深夜也要补上。

大家可能觉得我一边说着如今的时代已经从书写的时代

转变成直接用语言交流的时代，却一边要求自己的学员进行写作练习。也许这样做看起来有些矛盾。但事实是，在最开始的时候，我们需要通过写作帮助自己认清表达过程中的逻辑。若非如此，你所做的就不是"表达"而是"瞎说"了。

除此之外，还有一个原因，那就是我们可以通过写作深度思考问题。一个人若在不断地说话，难免会有一些重复的内容，这就会产生一些无效表达。

但如果对此心安理得，不思进取，就如同我们在听相声或看喜剧表演时，如果表演者重复使用一个包袱，我们就会感到十分气愤。可以说这一点与演讲是相同的。

上述情况其实也并不是一件坏事，如果能因此而努力去搜集更多的话题，自己的能力也会不断得到提高。总想着"每天都能躺着赚钱"，并不能提高你的水平，反而会让你失去真正有水平的人对你的关注。

为此，我们才要每天都更新动态，并努力赢得别人的"点赞"，而每次能够得到超过 100 个"赞"是需要有"几把刷子"的。

第 **5** 幕

自我包装的
艺术

开场白

摘下角色面具，

脱掉厚重的衣裳，

让那个装在套子里的人，

闪亮登场。

第 29 场 【亮相】

亮出自己

——

ACTION 请站在 C 位

如果你经常举办小型活动，却没有固定的活动场所，那么你有必要去参加一些大型的讲座。参加这些讲座的目的首先是为了学习，其次是因为我们在会场上很有可能遇到和自己同一个领域的人。这时候，我们就有必要展开新的交际活动。

换言之，我们去听演讲和讲座不仅仅是为了学习，还为了结识一些与自己志同道合的人，一起携手开创新的事业。

如果能做到这一点，你就可以拥有自己的第二职业，也可以有资本站在别人的面前演说。

无论如何，我们首先要能够站到别人的面前。

对于很多人来说，很少有面对众多陌生人演讲的机会。即便这种演讲是免费的，如果能够得到人们的掌声鼓励，也是一件十分愉快的事。

而更为重要的是，即便你赢得了人们一时的掌声，但是这些人是否愿意再次前来听你的演讲呢？

恐怕很多人都不会再来了吧。而且如果开始收取会费或培训费的话，你是否会失去自信呢？

是的，仅凭语言就可以赢得听众的人，一定要有足够的底气，我们要做的首先是让自己达到相应的水准。

那么，我们应该怎样做呢？

你需要有后援团。你的导师当然可以助你一臂之力，但在有些领域是没有导师也没有后援团相助的。

这时候，你只要选对地点就可以了。在一些培训中，培训师经常会巧妙地利用所谓的"气场"或"能量场"。

有些人参加培训与其说是为了听培训师的经验之谈，不如说是为了能融入这样的"能量场"。

我偶尔也会带着自己的学员去参观作家纪念馆，如果这位学员正巧是该作家的粉丝，他是一定愿意去的。

再设想一下，如果可以去电视台、六本木酒吧、画展等场所，并且可以听到电视台导演、餐厅厨师长、画家这样的人讲话，想必很多人都会报名参加吧。

我还有一个让别人注意到自己的小技巧：拍合影的时候要尽量站在前排的 C 位。据我多年的观察，那些因害羞而绕到后排、不愿意露脸的人是难以登上舞台的，这种缺乏自信的行为会有损他们在别人心目中的形象。而那些勇于站出来的人即便现在尚不具备实力，也有站在舞台 C 位的潜质。

第30场 【姓名】

多重身份能赢得更多机会

——

ACTION 你有几个名字

当今时代，一家企业同时进行多种不同业务的多重创业模式逐渐被人们接受。与"副业"或"打工"不同，"多重创业"是指同时进行两种以上工作的模式。

我在进行"多重创业"时，一直使用自己的本名。我建议大家以后可以使用一个有趣的名字。

这是因为我发现在很多情况下，如果我们使用一个能让对方迅速记住的有趣的名字，就可以让事情进展得更加顺利。

例如，明石家秋刀鱼❶先生的本名是杉本高文，这个名字听起来过于严肃。如果他在演艺圈使用本名的话，恐怕连成为一名艺人都很难。正因如此，我认为在现代社会第二姓名显得越来越重要。

但是，要记住使用第二姓名不是为了把自己隐藏起来。出于各种顾虑，很多人有意隐藏自己的姓名、长相、经历等。但是，到了剧场化社会，多重创业对人们更加有利。与其遮遮掩掩，不如适时亮出你自己。

现代社会，越是年轻的人往往掌握着越多的新知识，而这些年轻人正不断成为彼此的伙伴，结成团队创业。

我认为，一个人一般在 30 岁左右便能够登上一家企业的核心舞台。处于这个年龄段的人往往掌握着最多的新信息和

---

❶ 日本著名娱乐电视节目主持人。——译者注

新技术，拥有的伙伴也最多。

如今，以 YouTube、Facebook 为代表，各种"推销自己的平台"正在迅猛发展。这就意味着年轻人实现自己梦想的可能性也在增加。

其中最有名的要数落合阳一和吉藤健太郎了，这两位都可以称得上 IT 时代领袖般的人物，年纪轻轻就登上了时代的大舞台。

以前的日本作家都喜欢使用自己本来的姓，再起一个名，其中较具代表性的有著名作家夏目漱石，夏目是其本来的姓，而漱石则是他自己起的名。

结合现在的工作及未来职业的特点，你不妨尝试使用一两个其他名字，这样做既可以增加乐趣，也可以为创业带来好的机遇。

第 31 场 【独特】
特征定位很重要

ACTION 你有特征吗

你清楚自己有什么样的特征吗？

如今的时代是一个"特征时代"，对自己进行特征定位是非常重要的。

在娱乐节目中，不断会有新人出现。艺名也好，装束也好，如果更容易被人记住，这个人就更容易一鸣惊人。

和我一起运营"关于樱井的一切"公众号的大内优女士因为总是戴着一顶红帽子而闻名。她仅仅通过一顶红帽子就成功引起了人们的注意。

如今的时代早已不是只要有修养就可以受人关注的时代了。

演员出川哲朗完全不懂英语，却可以和外国人进行交流。"出川英语"让他拥有了独具一格的特征。

在我年轻的时候，有一位男性朋友常年穿着和服，他也因此最终成了一位著名的和服模特。

现代社会是一个通过恰到好处的自我推销就可以养活自己的社会。所以，我想说我们有着无数个可以成名的方法——不仅可以通过装束，甚至仅凭胡须、眼镜就可以成名。

很遗憾，我个人并没有什么从外观上能给人留下深刻印象的特征，只能喊出"樱井牧场"的口号。其实这个牧场只汇集了 8 个人，我将我们的故事写成书并因此成名。

我在年轻时还曾在电视上展示了所谓"10 秒钟接吻法"

而迅速收获了大量粉丝，并因此获得了"亲密关系之神""说服力之神"等称号。如果你在网络上检索相关内容，一定会看到我的名字。从那以后，我在其他领域（如演讲、图书出版）的工作便逐渐有了起色。

对自己进行特征定位越早越好。按照我的经验，如果已经进入人生的后半程再对自己进行特征定位，就很难产生很高的热度。

井上裕之先生不仅是畅销书作家，作为牙科医生也十分成功。他拥有众多粉丝，他的演讲和讲座也非常受欢迎。据说井上先生之所以能够取得如此成就，是因为他从年轻时就开始不知疲倦地研究如何才能让自己成为第一名。

另外，他看起来完全不像一个50多岁的人。井上先生常常穿着一身笔挺的西装亮相，向人们展现他英姿飒爽的形象，这种装束也成了他的个人特征之一。当然，他更显著的特征是"如何才能成为第一名"这一口号以及被他贯彻到底的"第一名主义"。

第32场 【名片】
自我说明书

ACTION 把亮点写在名片上

　　我在很早以前就知道，自己绝对不会是那种在一家普通企业工作到退休的人。当然，我想也很少有像我这样受"幸运之神"垂青的人——我在 40 多岁时就曾经有过一次被公司劝退的经历，到了 50 多岁时还曾经遭遇过一次裁员危机。

现代企业如果不改变做法，会越来越难生存下去，新的做法也包括延迟退休。如果可以延迟退休，很多人也许会感到十分高兴，但对于企业而言如果不能适当减少员工的数量，就会面临因费用增加而难以生存下去的危机。

如果不用心揣摩这件事，我们的生命虽然可以不断延长，但工作机会却会变得越来越少。

迄今为止，我们依靠的一直是国家、政府、机关、企业。有些人却总想要小聪明，做着最轻松的工作，而谋求个人利益的最大化。

可是，也许有一天日本会变成这样的状况：越是习惯依赖别人的人，越容易让自己陷入一种困苦的境地。

正因如此，无论什么年龄的人，都应该登上属于自己的舞台，必须依靠自己的力量来维持生活。因此，我们应该舍弃那种"只能受雇于一家公司"的想法。

也许有人会说"可是我没有什么特长"。说出这种话的人，也是那些习惯性依赖别人的人。

世界人口突破100亿已为时不远，全世界的粮食都将面临被消耗殆尽的危险，日本也不可能独善其身依然保持充足的食品供应。

当然，这只是假设的最糟糕的一种状况。可是，在现代日本社会，仍然会发生老年人因为监狱里可以提供一日三餐而故意犯罪入狱的事情。现实告诉我们，不能一直做着安逸的白日梦。

如果你希望自己可以健康地活到 80 岁乃至 100 岁，那么从现在起就必须认真思考如何才能开始自己的独立表演。

看一看那些活跃于舞台上的人的名片，你会发现，无论正面、反面都写满了他们的亮点，有的名片上甚至印上了个人照片。这样的名片才是真正适合未来社会的"自我说明书"。

你也可以制作一张这样的名片，展现出个人魅力。

除了姓名和公司名称之外没有其他内容的名片是没有任何价值的。即便你是一位家庭主妇，也要在名片上写明自己的专长，放在包里随时做好准备，说不准哪天就能派上用场。

第33场 【闹剧】
免费的舞台

ACTION **适时地来一场闹剧**

　　无论什么时代，都会出现一些被大众喜爱的网红场所。在我所处的时代，这个场所是六本木，那里汇聚了众多几乎处于半脱离社会状态的青年男女。我也被朋友邀请加入其中，在那里我遇到了当时的人气少女加贺麻理子。

那时候，我还只是一个 20 多岁的杂志编辑，当时正在到处采访一些有望登上大舞台的青年男女，加贺麻理子正是这样一位再合适不过的采访对象。

有城市的地方就会有人聚集，就会从中产生舞台上的主角。从东京的银座走出了很多名人，从赤坂、涩谷开始实现人生起飞的人也不少。

如果真想成名，就好好去寻找最适合自己的场所。即便在音乐家中也会分出"银座俱乐部派""新宿黄金街区派""麻布后街派""原宿后街派"等若干流派。如果你爱好音乐且有幸和这样的人成为朋友，你就会得到更多的机会。

近年来，不少年轻的创业者开始把涩谷作为主要根据地。正如"物以类聚，人以群分"这句话所说的那样，如果在此聚集的人同样从事与 IT 产业相关的工作，那么他们不仅可以因此获得新的信息，而且有可能携起手来一起发展事业。

正因如此，那些身无分文、没有名气的年轻人会经常汇集在涩谷的十字路口，哪怕彼此互不相识，搭上几句话也就成了朋友。

电视上常常会播放这些人的镜头，如果仅仅从画面上来看，他们就好像只是在上演一场无足轻重的闹剧。但是，对于没有名气的人来说，这已经是最好的免费舞台了。因为如果运气好的话，他们就可以在电视上露脸，以此为契机，也许他们就能登上真正的舞台。表面上看他们好像是在玩，但事实并非如此。这些人对于如何"被拍到"其实是非常有经验的。

这种现象在新媒体领域也是一样的。如果把一段视频导入手机中，通过 Twitter、Facebook、YouTube 等各种不同的网络媒体推送，视频转瞬间就会传播开来，这种方式也许会造就新的"时代英雄"。

即便是一个毫无名气的青年，他如果可以借助这样的一次机会，也有可能成为备受大众关注的宠儿。现代社会，信息以光速传播，不难想象，如果有人在网上公布一则"明日某某时间到涩谷十字路口聚会吧"的消息后，我相信很快就会有人响应。

在我身边就聚集了不少这样的青年男女，他们也相信在他们之中一定会有"英雄"诞生。

第34场 【创新】

创新舞台，值得一试

ACTION 对循规蹈矩说不

松田充弘先生创造了一种被称为"提问专家"的新型工作。虽然创造新型工作是一件难事，但我认为值得一试。我到目前为止做过编辑、作家、教师等工作，可这些都是传统的工作，我为此颇感遗憾。

如今，社会上已经出现了"油管儿"（YouTuber）这样的新型职业。与此前的业种不同，这种职业没有任何资格或学历门槛，只要会使用电脑和相机，拍摄视频上传到 YouTube 上就可以了，无论什么人都可以胜任。做得出色的人能登上更大的舞台，年收入甚至可以达到数亿日元。

松田先生创造的"提问专家"这个职业与此相似——没有任何资格或学历门槛，通过帮助别人改进提问方法就能获得收益。

也就是说，能够想出"如何让面前的人高兴"的技巧变得更加重要，甚至取代了知识本身的重要地位。

以前有一类被称为"即兴表达专家"的人，他们虽然算不上在从事一种职业，但可以专门说一些让人心情舒畅的话。现在，这样的人登上舞台的时代显然已经到来。他们是可以让人心情舒畅的表达专家，彼得武❶ 就被称为"即兴表达专家"的"最后幸存者"。

---

❶ 原名北野武，日本著名的电影导演、脱口秀艺人。——译者注

我们普通人只有能像"即兴表达专家"明石家秋刀鱼那样，善于让面前的人放松和开心，才能更好地建立起交流社区。但是，逗人开心并不只是一味地逗人发笑，而是要让人们与你产生共情，想和你深入交流下去。

本田健先生可以算这方面的一位高手了，我认为他恐怕是全日本为数不多的无论走到哪里都可以通过聊天建立起最高级别、最新潮的交流社区的人。

他不仅有总能让面前的人立即开心起来的谈话技巧，同时也拥有可以吸引不同年龄层、不同性别粉丝的能力。

他的畅销书《20 岁的人应该提前做好的 17 件事》，在 8 年时间里重印了 66 次。另外，他还进一步推出了适合 10 岁到 60 岁各年龄段的人阅读的系列书。

本田先生既不是作家也不是演说家，也许充其量只能算作一位"赚钱专家"，然而在本田先生之前并没有人能被贴上"赚钱专家"的标签。

如果你想成为"赚钱专家"，不需要你是经济学博士，也无关乎男女，即便只是一个十来岁的少年，只要你有方法，就有可能成为这样的人。"赚钱专家"中既有十几岁起就早早登上舞台的少年创业者，也有优秀的女性创业者。总之，现代社会要求我们不要拘泥于套路和经验，而是要建立一个全新的舞台。

可是，什么样的人会因为什么样的事而高兴，你在这个舞台上要如何取悦观众……这些问题都需要你仔细思考。

第35场 【喝彩】
推销自我的要领

ACTION 1元钱就能创业

传统创业需要一定的启动资金，一般来说你至少要有几万元本金才行。

然而在今天，很多职业并不需要那么多的资金成本。这就是所谓"1元钱就能创业"的原因所在。也就是说，只要你能提供技术和劳动力就足够了，网络平台会帮你完成剩下的工作。

在日本社会的产业链中，有一种居于中间位置的业种被称为"代办业"。哪怕你只是想拍个广告，也必须通过代理机构进行。但是最近，这类中间业务开始减少，企业之间可以直接对话，佣金得到了最大限度的节省。当然，有的代办公司发展得不错，但它们不得不面对的一个事实是大部分代办业都将逐渐失去存在的必要性。

哪怕只是建立一个网络社区，其建立者都可以成为舞台上的主角。如果有人问我在网上"创造过什么纪录或者保持着什么纪录"这样的问题时，我的回答是：

- 从 87 岁开始创业；
- 87 岁时一年出版了 3 本著作；
- 88 岁时一天只睡 6 小时；
- 到目前为止身上没有任何一处动过刀；
- 现在每天更新 Facebook 和博客；

- 拥有最多女性粉丝的老人。

以上也可以算作我的自我推销资本。如果我也开始到处推销自己，恐怕出版社、杂志社、电视台的邀约会接连不断吧。

我曾经是一名媒体人，知道推销的要领所在，所以在这里我要简单地说一说推销自己的方法。即便你没有名气、没有钱、没有朋友，只要你有一些微不足道的独特之处，你就可以开展工作。

我们在收到一个人的名片时，总是会引发一些联想，形成对这个人的第一印象。

那么，如果你能将自己的名片设计成公司风格的名片，比如加上诸如"事务所"等字样，就会让对方产生你是有助手的感觉，甚至会让对方觉得不找你合作是一种损失。

把自己的名片设计成能够带来工作机会的样式也并非难事，所以请至少为自己设计 3 种不同风格的名片。

人们为了推销自己，想出了各种各样的方法。我认识一位男士，他拥有 3 个不同的 Facebook 账号，还运营着博客和电子杂志。他不断为自己喝彩，因此备受关注。

第 **6** 幕

舞台上的精彩
表演

——

开场白

有锋芒何必隐藏？

有激情即刻释放。

看我乘风破浪，认真亮相。

第 36 场 【初心】

回归自我

ACTION 乘风才能破浪

当一个人对于学习、成功的欲望不断高涨时，他才开始回归自我。

很多人聚在一起摇旗呐喊时，个人的利益往往早已不知被吹向何方。无论个人有什么样的才能，如果被淹没在一个人数众多的集团中，那也是很难展现的。

当今的时代早已发展成一个谋求个人成功的时代。

正因如此，无论出于何种目的，仅仅强调集体的力量，是无法将人们聚集起来的。

如何摆脱贫困是一个老问题，对于被生活所迫的人们来说，这是一个最重要的话题。关于这个话题的讲座十分叫座，在很短的时间内就可以吸引大量的人参加。而在这些人当中又会不断出现后来获得成功的人，并最终形成一股浪潮。

在日本，类似浪潮的领导者有竹田和平先生、本田健先生等。直到现在，仍有这样的领军人物活跃于各地举办活动，他们点亮了人们心中的那盏灯。

我在 30 多年前写过一本名为《不了解女性怎么能生存》的书。在书中，我提出了"21 世纪，人类的讲座时代即将到来"的观点。

然而，作为这一观点的提出者，我对于为什么讲座时代即将到来却无法给出合理的解释。我的一位朋友说："在美国，学习的时代即将到来。"这也许是对我的观点的一种解释吧。

我在年轻时完全读不懂这个时代，如果早些读懂的话，我一定想方设法学习最先进的技能，这样如今我也许可以站在时代的风口浪尖上了。在这个方面，我不是一个成功者，所以我希望本书的诸位读者能够预先了解这一点：如果你在大海的对岸已经看到新的白色浪潮开始涌动，就应该尽快弄清它产生的原因，力争乘上第一波浪潮。我自己在历经了多次失败之后，才能够把自己的年龄问题抛在脑后，不断进行新的挑战。

人总是想要获得好处，我和你都是这样的人。我作为女性问题专家，很自信在给女性带来帮助这方面不会输给任何人。那么，你能给别人带来什么帮助呢？从现在开始请你仔细思考这个问题吧。

第 37 场 【专属】

没有定规

—

ACTION 适合你的才是最好的

　　有些人会有这样的错觉：听过那些当下最有人气的讲座后，感觉自己也能照猫画虎做得差不多。但遗憾的是，讲座中的亮点金句无论多么令人感动，未经其本人许可都不可以擅自使用。

剧场化社会
演好自己角色的 8 个法则和 56 场好戏

但这并不意味着听这些人讲话是徒劳的。听过多次以后，你就能抓住这些讲座主题的本质和精髓。

我的观点是，此时你会认识到，一味模仿他人才是一种损失，提炼出自己的亮点才最重要。

开讲座前，你有必要做好充分的准备。如果你想举办一场关于如何写作的讲座，就应该先召开一场讨论会，讨论开设讲座的场所、面对的人群、需要准备的材料，以及是否需要邀请专家参与等。

开设什么样的讲座没有定规。我本人会希望尝试一些谁都没有开过的讲座，如吉藤先生那样使用分身机器人的讲座。

如果你读过畅销书《生化电子人时代》，就会惊讶地发现，书中的人物都拥有一个分身。假如你是一名讲师，即使身处异地，你也可以给学员们上课，原因当然是你使用了分身机器人。

做讲座也是一样的，即便自己无法亲自到场，也可以完成讲座，因为讲台上站着的可能是你的分身机器人。你可以大胆尝试新的形式，也许会有意想不到的效果。

在选择何种方法之前，我们可以先组织一个讲座研究会，大家一起研究讲座究竟可以怎么开、讲师能够为参加者带来什么帮助，等等。

第 38 场 【即兴】
动人的力量

ACTION 开始你的即兴表演

不善言辞的人经常会参加一些话术培训班。然而，即便你接受了一些话术培训也并不意味着当你站上舞台时就能够侃侃而谈。

一般而言，话术培训班适合这样一类人——他们不懂如何把握与他人说话的分寸，或者一当众说话就紧张，不知该如何表达。

即便是规模再小的培训班，当你站到讲台上的那一刻就生成了一个人要面对若干人说话的模式，这与平时"1对1"的说话模式完全不同。

此时最不可或缺的就是"感动"，你要传递出一种"感动人的力量"。要想做到这一点，你就要会讲故事，再适当地附加一些肢体动作，这样做更容易让听众感动。

想要掌握感动人的话术，学会即兴表达是关键。即兴表达是即兴创作的一种形式。"即兴创作"（improvisation）是指"在毫无准备的状态下当场进行创作"，比如演员在没有剧本的情况下进行即兴表演。

在进行即兴表达的时候，我们需要注意的不仅仅是语言表达，还包括肢体动作，这样才能更有效地感染观众。即兴表达作为表达自我的手段之一，如今越来越受到人们的关注和追捧。与欧美人相比，日本人的肢体动作幅度更小一些，这在舞台表演中其实是不利的。

现在流行这样一种舞台表演方法，即演讲者先站在舞台中央讲话，中途走到舞台右侧继续演说，之后再大步走到舞台左侧向着这边的观众说话，最后再回到舞台中央。这种表演方法正是参考了欧美人最擅长的即兴表达的方法。

　　日本相声是从两个人表演的艺术形式发展起来的，但最近却出现了单口相声，其类似于脱口秀表演。

　　其实，我们应该学一学这种舞台表演方法，尽快掌握即兴表达的技巧。

　　如何做一名表演者？也许在你思考这个问题的时候，你的脑海中会浮现出一位适合自己模仿的演员，从说话方式到思维模式，你都可以有选择性地模仿，当然也要突出自己的几个与众不同的地方。

第39场 【技术】
转换学习模式

━━

ACTION 用新技术武装自己

我们希望进行的学习到底是什么样子的呢？以前，人们一辈子的工作时间只有40年左右，而且大多数企业采用的都是终身雇佣制。所以，传统意义上的学习是指学校教育，它可以帮助我们顺利进入社会。如果这种按部就班的生活方式不变，工薪族自然不需要进行额外的学习。

现在 70 岁以上的男性，大多不喜欢总待在家里，他们还延续着年轻时的习惯，每天晚上都要出去打麻将。四个人每晚围在一起打麻将，请想象一下那个场景，这证明了那个时代的人们是多么安逸。"麻将时代"的男人大多都不懂如何做生意，但是到了现在的 IT 时代，计算机、智能手机成了最先进的社交工具，同时兼具娱乐和创业的功能。

当你登上舞台时，站在台上的并非你一个人，还有一个得力伙伴——你的电脑。

电脑可以显示出你想要讲述的内容，你只要逐条按照提示来讲就可以了，这是一个多么强有力的伙伴啊！完美地与这个伙伴合作，将弥补你在台上的不足，收到令人满意的效果。

年轻的学习者玩心重，渴望过轻松的生活。他们拒绝枯燥陈旧的学习方式，希望边学边玩。新的方法加入得越多，年轻人就越喜欢参加这种学习。如果转变输入知识的方式，他们就会乐此不疲、如饥似渴地学习。

"财富"和"伙伴"，这是年轻人最想了解的主题。我认为对这两个主题的深入研究是在接下来的时代取得成功的关键。

第40场 【服装】
重视你的形象

——

ACTION 来自细腿裤的自信

　　最近，男士穿细腿裤很流行，而且已经持续了很长时间。

为什么和上装相比，下装会更吸引人们的眼球呢？

　　这其实是我们"重视自己给他人的印象"的一种表现。

　　如果站在日本街头四处打量，你会发现，两人并行的少，成群结队有说有笑的更多一些。这是信息化社会的特点之一：为获得更多新的"有利情报"，人们更愿意抱团取暖、成群结队。

在这种情况下，人们不再只关注上半身或聚焦长相，而开始将目光从上装转移到下装。

有观点认为，下装有着调整他人对你印象的作用。现实生活中，那些不注重下装的人，在年轻男女中往往不受欢迎。

演艺界也是如此，注重下装的演员，普遍会得到观众群体对他的好感。

这一点对于要登上舞台的人来说，非常重要。在我所见到的人当中，井上裕之先生对下装的感觉是最棒的，他总是可以吸引更多人的关注。虽然井上裕之先生的本职工作是一名牙科医生，但是显然作为一名演说家，他的表现更出色，成为公众人物似乎是他与生俱来的一种本领。

你可以试着观察一下那些正在等地铁的男士们，请暂时不用理会长相问题，仅仅关注他们的下装。这时，你要学着判断哪些人有成名的潜质。积累这样的经验会让你明白什么类型的人可以登上舞台，你也会知道自己应该怎样做才能获得人们的掌声。很多人常常以"没有那种修养""没有话题感""没有自信"等理由为自己辩解，但这些素质都是可以培养的，只要你愿意做出改变。

当然，我也并不是说只要穿细腿裤就可以了，而是说如果从服装开始增加自信，你自然就会拥有成为公众人物的气质。样貌可能经不住岁月，可装束和内在自信却与年龄无关。

第 41 场 【技巧】
利用舞台的方法

─────

ACTION 天生的演员

有一种人天生就是演员，他们哪怕是站到比别人只高一点点的地方就会立刻变得生龙活虎起来。我把这类人归类为"享受镁光灯型"。

如果你曾经当过教师，当你点名让学生站到黑板前回答问题时，就会发现有些学生可以很快转换角色，立刻变得像老师一样把问题分析得头头是道。

这固然与脑力有关，但还有一个原因就是有些人属于那种一站到台上就兴奋的类型。如果你看过主持人大赛就会发现，当镁光灯亮起时，有的人一下就变得精神起来，而有的人则刚好相反，会变得语无伦次、不知如何是好。

没有登过舞台的人可能不知道，舞台上的灯光实际上是从上面射下的，当光柱照在演讲者身上时，他是几乎看不到台下观众的。

本来演讲者是为了与观众进行交流而登上台的，结果却连一个观众都看不清，只能一个人孤单地表演。

根据我个人的经验，那些平时坐在工位上办公的人，坐着讲话会表现得更好些。与之相反，需要一直站着工作或者需要来往于客户间开展工作的人，因为总是在移动，所以他们站在舞台上讲话时的表现会更好些。

我在前面已经提到过，有经验的演讲者一般会遵循这样的惯例：他们首先会站在舞台的中央讲话，然后慢慢走到舞台的右侧，面向这边的观众进行演说。之后，他们会移动到左侧，和这边的观众进行交流，最后再回到舞台中央。特别是在比较大的会场，这种演讲方式是十分有效的。

歌手松田圣子女士在全国举办巡回演唱会时，就是按照这种方式进行表演的。松田圣子女士移动芳步，频频向左右两边的观众挥手，让观众充分感受到自己的情绪，这种表现方式非常有感染力。

总之，根据主题的不同，演讲者如果能够灵活运用表演技巧，就会收到意想不到的效果，即便是表演内容本身有不足之处，有经验的演讲者也能通过充分利用各种舞台手段进行很好的弥补。

第 **7** 幕

剧场化社会中的
"大女主"

开场白

在亲手搭建的城堡里，当一回公主。

在亲笔写下的剧本中，做一回"大女主"。

我是无价之姐，

看我破茧成蝶，翩翩起舞。

第42场 【觉醒】
女性变得很挑剔

ACTION 他配不上我

到目前为止，日本的结婚率仍在不断下降，并且和少子化问题交织在一起，让人感到十分焦虑。为什么人们如此不愿结婚呢？

事实上，人们并不是不想结婚，这一点从相亲网站的注册人数中便不难看出。因为很多女性都对男方不满意，所以相亲经常以失败告终。这也许是男女对于配偶条件的要求差异扩大化的结果。

在我看来，现代女性更加敏锐地感受到了剧场化社会的到来。

也许不少女性会凭直觉认为"同这位男士结婚恐怕不会有什么好结果"。

以前，只要男方有一份正式工作，比如就职于某家公司，就满足了结婚的条件，但如今情况正在逐渐发生改变。也就是说，和此前的外界条件相比，女性更注重审视男性自身的能力。

自身能力不强的男性，也许40多岁就会被强制提前退休，而其他男性还处于工作能力较强的活跃状态。一想到不久的将来就要开始准备安享晚年，即便结婚了，这也会让女性因为没有安全感而产生离婚的念头。

显然，现代女性早已开始积极地融入剧场化社会，并且希望自己可以登上舞台。

以前登上舞台的基本上都是男性成功人士，听众也是男性居多，而且是渴望成功、精力旺盛的中年男性居多。

但是今天却大不相同，听众结构发生了变化——大多数人都是年轻的男性和女性。

这些人并不只是来听别人讲成功经验的，而是自己也想尝试一番。对于那些踏踏实实、努力上进的女性来说，相亲对象如果什么事情都不想尝试，她自然会犹豫是否要与他结婚了。

最近，由女方提出离婚的案例越来越多，这也与剧场化社会中的女性自我意识的觉醒有关。

随着女性知识面的持续扩大，她们对男性的要求也在不断提高。女性的眼光变得越来越挑剔，那些无法适应这个终身学习型社会的男性根本无法与其匹配，这也被认为是独身女性逐渐增多的原因之一。

第43场 【选择】
女选男的时代

ACTION "美贤女"登场

在东京，过去人们向往的是婚后能够拥有一套属于自己的房子。为此，有些夫妇哪怕每天通勤几个小时，也要买一套自己的公寓。而现在的情况刚好相反，人们更倾向于选择离工作单位近一些的出租公寓。

这是因为人们对于"拥有"的观念已经发生了改变。与其花大价钱买一套房子，更多年轻人主张"持有现金""持有股票"。同时，女性的结婚观、家庭观也发生了很大变化，这对她们选择男性配偶的视角产生了很大影响。

日本现代女性普遍持有这样一种择偶观：

- 住处离工作单位很远的男性靠不住；
- 不舍得在学习上花钱的男性没有未来；
- 应该和总抱怨"太累了"的男性离婚；
- 应该和总想把妻子关在家里的男性离婚；
- 总是说领导坏话的男性会不断堕落下去，要远离他们。

细思极恐，在日本，随着妻子的收入高于丈夫的现象持续增多，如果男性不能保持和女性相同的学习姿态，就很有可能会被女性抛弃。

女性的感觉是极为敏锐的，她们看透社会变化的能力可能比男性还强。有的女性不愿意生孩子，也有可能是因为她们认为"如果和这种男人有了孩子，将来就不好办了"，也就是说她们已经预见了离婚的可能性。

在不久之前，日本社会曾经流行过"美魔女"这个词，如今已经改成了"美贤女"。如果连这一点都没察觉，男性很可能会陷入危险境地：当"美贤女"站上时代舞台的时候，男性甚至连"跑龙套"的资格都没有。

也许是受美智子皇后的影响，日本女性的受教育程度也开始不断提升。"花旦"时代已经过去，接下来我们迎来的将是"大女主"时代。女性在社会剧场中所扮演的早已不是被男性所选择的角色，而是一种能够进行自主选择的角色。正因如此，男性必须具备能够让女性感到自己的选择没有错的能力。若非如此，他们就很难在今后的社会中立身。

第44场 【优势】

比男人更容易成功

ACTION 女性的成功率

当下，很多人都在经营自己的人际关系，这里的"人际关系"也可以理解为"伙伴"。以前，几乎每个人在学校都有自己的好朋友，现在的同学之间却有很强的疏离感，毕业后他们也是各奔东西。

与父母的时代不同，现在已经基本上没有很快就结婚的年轻人了。这一点非常重要，结婚已经不再是人生的目标，甚至可以说结婚生子反而会打乱人们的生活节奏。即便有人结了婚，为了离婚时不受羁绊也会选择不生孩子。

女性也有自己的目标，希望凭借实力获得成功。如果女性在很年轻时就有了孩子，人生的道路难免会受到影响。

现在，如果你去参加一个学习班，就会发现差不多一半学员都是女性。这基本上可以说明女性已开始意识到自己的问题，所以才要通过参加讲座或学习班去积极地改善自己的人际关系。在这一点上，女性比男性更优秀，这也得益于女性拥有敏锐的直觉。

如同拥有寻找结婚对象的敏锐嗅觉一样，她们同样拥有善于找到导师的能力。我们甚至可以认为，在未来的剧场化社会中女性拥有比男性更高的成功概率。

我自己就是通过学习班学到了很多实用的方法，开始形成想开拓人生的愿望的。一旦女性兼具了实力和财富，与她们相配的结婚对象自然就会出现。相反，如果在自己仍一无所有的时候，却已经与一个能力比自己低的人联系到了一起，那么恐怕没有比这更糟糕和不幸的事了。

因此，意识到了这一点的女性会通过参加学习班来提升自己的能力。如果你只是抱着敷衍了事的态度来参加学习班，那只会白白浪费让自己一生幸福的机会。

在剧场化社会，只有那些登上舞台的人才会成功。如果只是做观众，你就只能做出钱买票看别人演出的人。

新型的学习是为了登上舞台而进行的学习，关于这一点女性的感受也许更强一些：她们希望能够灵活使用学到的东西而不是白白浪费会费。在这一点上，男性应该以她们为榜样。

第45场 【改观】
新型男女关系

ACTION 共同成长

近来，日本的夫妻关系也在逐渐发生变化。

情感不再是唯一，一种新型的夫妻关系正在形成，人们开始追求共同创造闲适生活的目标。感情纠葛已经被排到了后面，人们优先考虑的是如何通过夫妻协力让生活变得更加丰富多彩。

朝日新闻报社曾主办过一个叫作"遇见"的活动，这是一个面向 40 岁以上的男性和女性，为其提供"相遇机会"的服务活动。作为一家给人以正统和刻板印象的报社，朝日新闻报社对这次活动的目标设定较为另类：

- 传统婚姻关系；
- 不领结婚证在一起生活；
- 仅在周末维持的婚姻关系。

后来在这三个目标之外又加上了一条"不以婚姻为目标而追求一种自由的伙伴关系"。这几乎是相当于在说"自由性伙伴关系也可以"了。

的确如此，在现代社会为了性而结婚的男女恐怕已经很少了。

当然，毋庸置疑，还有很多男性在追求着女性，女性也在寻找着自己的另一半。在这种情况下，寻找一种自由形式的伙伴关系，以共同进入富裕阶层为目标，这难道不是最棒的夫妻关系模式吗？

优先考虑爱情的婚姻和以共同创业为目标的婚姻，在择偶的立场和对配偶性格的选择上都有很大的不同。

举一个极端的例子，女性不会做饭和收拾家务也并不会被介意，男性偶尔晚归也不是什么问题，只要不把这些列入彼此制定的规则中就可以了。

当然，如果你认为自己不能接受那样的生活，那么不选择这种婚姻也是理所当然的，因为没有必要勉强自己去追求一种新的婚姻形式。

但是，我们必须提前知道的是，在今后的社会，这种自由形式的伙伴关系会成为一种司空见惯的婚姻关系。像朝日新闻报社那样的传统报社都涉足了这样的领域，本身就已经说明了这样的社会正在形成。

在这种婚姻关系当中，如果两个人能合力去扩大自己的舞台，其成功的可能性要比一个人四处奔波大得多。

如果总是将"我不行，我做不到"这样的话挂在嘴边，无论结婚与否，这种类型的女性都会生活得痛苦不堪。

第 46 场 【限量】

多彩的命运舞台

ACTION 女性主导

女性今后的生活方式将变得越来越多元化。这也是女性生存道路多样化所导致的结果。

昭和时代的女性 20 多岁就基本上都结婚了，正因如此，那个时代的结婚率达到了 95%。

在这种婚姻关系下，女性相当于把自己的未来交到了丈夫的手中。

以前，所有女性走的都是从妻子到母亲这条路。现在走这条路的人反而已经成了少数派。即便是已经结婚的女性，因为仍在工作，所以自己的命运仍由自己来掌握。

因此，自己的生活方式也可以由自己决定，女性可以登上与丈夫无关的舞台。现代女性已经走上了更为多彩的人生之路。

我在日本女子大学任职的时候，曾和学生们一起进行过一个调查。调查结果显示新女性的生活方式已经超过 70 种。也就是说，未来女性可能走的路还在不停地拓宽。在这一过程中，一直隐藏在男性身后的女性会站出来，让男性跟随自己的脚步，引领他们前进。

一些完全由女性组成的团体正逐步成立。面对男性，她们将取得压倒性优势，而且有的女性从十几岁开始，就可以完全碾压男性。

宝冢❶的少女歌剧就是一个很有说服力的例子。这一案例说明女性在少女时期就能登上大舞台，甚至可以得到比男性明星更高的人气。再比如，秋元康创立的"AKB48"其实也可以说是一种新形式的宝冢。

现在，电视新闻播报中出现女主播早已不是稀奇的事情了，无论采用何种形式，女性都已经成功地登上了舞台。

与男性相比，她们在某些方面有着更高超的技艺，在时尚娱乐领域，女星熠熠生辉，丝毫不逊色。今后，在文学、语言等领域，让女性一显身手的舞台将越来越多。

今后的时代是一个更加开放、充满未知的时代。宇宙中存在着很多我们无法理解的事物，很多学者也无法预见。然而，女性不同，她们天生敏感，也许未来包括外星人在内很多未知事物都将被女性发现和破解。

当然，在发现外星人之前我还是先向女性学习，对那些前沿知识、想象力、预见力进行深入了解吧。

---

❶ 指日本的宝冢歌剧团，该团团员全部为未婚的女性。——译者注

第47场 【自主】
舞台属于少数派

ACTION 少有人走的路

在这个世界上，一个人仅凭自己的力量是无法生存的，我们需要同伴，需要为我们助力的人。

现在的演艺界也并不是只有艺人，还有演说家、网红等工作人员。

这些人在社会上仍属于少数派，当然歌手、模特也属于少数派。无论什么人，如果打算走上一条少有人走的路就必须做好充分的准备。

当然和大多数人一起走宽敞的道路会更有安全感。举一个例子，无论男女，决定一辈子单身都是需要勇气的。因为对于普通人来说，大都要去寻求一生的伴侣，寻找结婚的对象。

在这种情况下，女性会希望成为一名主妇，男性会希望能够进入公司工作，每个月都能拿到固定的收入。家中的宠物猫、宠物狗也一样，它们所选择的是每天即便不外出觅食也可以生存下去的道路。

然而，登上舞台的人要靠自己觅食才能生存下去。这条路也许会令你心生退意，只有那些有才能的人才能走这条路。更形象地说，只有那些才能超群的人，才能赚到真金白银。

有些人明明可以做到，却因为缺乏勇气而只能做职员，从事普通的工作。然而，今后的社会，即便是普通的公司员工，其工作也不见得一定安稳。那些不复杂的工作也逐渐会被更廉价的劳动力夺走。

从这一点来看，女性的生存方式也许才称得上是自由的。因为很多女性在公司从事基础性的又不见得牢靠的工作，她们往往具备发现其他工作机会的能力。

在我的朋友当中，有一些从事生活顾问、咨询师、模特、演员、礼仪讲师等职业的女性，她们可以说是真正登上了剧场化社会的舞台的女性。

因为工作性质不同，有些工作的确更适合女性从事。在这种情况下，如果男性员工继续磨磨蹭蹭的话，恐怕就真没有机会登上舞台了。

男性群体天然拥有乐于被人统领的倾向。这恐怕是男性无法成为少数派的最大原因。

我建议大家学会自己做主，果断脱离别人的领导。当今社会早已变成要么单干要么自己成为领导的"二选一"的社会。

第 **8** 幕

成为主角

———
开场白

社会是个剧场，生活是个舞台。

做自己的主角，无须彩排。

第48场 【虚拟】
网络是最大的舞台

ACTION　书房就是你的舞台

　　剧场化社会似乎一下子就盛行起来了，平民百姓借助网络也可以一跃成为舞台的主角、人气明星。

　　剧场化社会最大的舞台存在于网络世界。进入网络世界，人们将会获得海量的关注。

在这个意义上，无论是你的书房还是办公室都可以实现舞台化。你可以作为一名专业表演者兼摄影师兼导演登上网络这个大舞台。

我会在每天凌晨 1 点以后更新 Facebook 动态，如果实在来不及也尽量在当天上午更新，仅凭这一点我就已经得到了惊人的关注量。根据我的经验，如果有 100 人"点赞"的话，那么阅读信息的人的数量将达到 500 左右。

毫无疑问，只要肯努力，谁都能撑起主角这个角色。

很多人总是对变化心存恐惧，不敢想象如何从现在的生活中摆脱出来，无法从既定的角色中脱身。只要你能做好一名指导者，无论是谁都可以从配角变成主角。换言之，当今社会已经变成了一个多元的舞台化的社会，每个人都可以拥有与众不同之处。

迄今为止的领导者多数都是既往社会的领导者，而未来需要的是新型社会的领导者。在这个新型的社会中每个人都可能成为受到高度关注的人。因此，撕掉既定角色面具，果断地改变自己尤为重要。

第49场 【格局】
心有多大舞台就有多大

___

ACTION 你的目标呢

　　我现在运营着三个公众号：第一个是"关于樱井的一切"，第二个是"小权和樱井的人气私塾"，第三个是最新成立的"穴口惠子和樱井秀勋的魔法大学"。

　　我已经90岁了，与50多岁、60多岁的精力旺盛的人不同，我已经无法频繁坐着飞机飞来飞去了。一般情况下，很多人也许会选择在这个时候引退，但我却并没有那样做。

因为我想把自己的知识、积累的人生智慧全部传授给伙伴和晚辈。在"关于樱井的一切"中，我讲授的是知性和修养；在"人气私塾"中，我讲授的是有关如何把握异性心理的知识；在"魔法大学"中，我讲授的是有关爱和工作的魔法。相信大家都会对这些公众号很感兴趣。

公众号也是一种新型的舞台。因此，即便是年轻人也要白手起家，从条件上看并不比年长者更有优势。

舞台的大小由你自己决定。无论一个人曾经多么有名，刚开始的时候关注者也未必会有很多，因此有的人只开了一周左右就停止更新了。

与之相反，即便是完全没有名气的普通人，如果"点赞"的人数不断增多，关注者不断增加，他同样也可以慢慢"火"起来。现在有很多公众号平台已经做到了不借助外部资金也能够自己负担运营费的程度。

当然，不是所有人都能够成功。如果你没有一定的特长或擅长的领域，公众号是无法长久运营下去的。反过来说，如果你有自己擅长的领域，即便是缺乏经验的运营者也是可能成功的。有的人仅仅运营了一个多月，就很快成了舞台的宠儿，"红"了起来。

最近有不少40多岁的"中年商务男"辞掉了公司的工作，开始在更加自由的网络平台积极活动，走上了一条从幕后到台前的路。

在这些人当中，有些人成了专家，获得了成功。若是放在以前，这是一件很难做到的事。

在今后的社会，追逐名誉和社会地位不再是人生唯一的目标，与之相比，实实在在的自由和富足要重要得多。

第 50 场 【成长】

突破常规，逆势而上

　　报纸上曾经登载过这样一则新闻：在针对日本高三学生的一次升学指导中，有个学生对老师说自己"想成为一名成功的生意人"而被老师笑话。可谁能料到，就在两年之后这个学生已经成功地在马来西亚首都吉隆坡经营自己的合租屋业务了。

在这位老师的观念里，一直牢牢地盘踞着这样一种认识：所谓"成功的生意人"就应该是"毕业于一流大学，就职于一流企业，稳定地工作几十年的人"。

被这种陈旧观念所束缚的不仅是这位老师，还有很多家长，也许在企业工作的人也持有类似的观念。也就是说，优先考虑"教育"和"经验"的思维是根深蒂固的。

在当今社会，无论接受教育还是积累经验都可以由自己来完成。从 2020 年起，日本的中学教育开始引入"自主学习"的理念。说得极端一些，那些观念陈旧的老师将被淘汰，孩子们将在保持充分主观能动性的基础上亲身体验、独立判断和自主学习。

据某些教育界人士透露，一方面，最近去欧美留学的年轻人数量开始减少；另一方面，去东南亚发展的年轻人数量却增长得非常快，他们没有选择留学深造，而是在大学毕业后就直接开始创业。

这些国家与日本不同，其人口仍处于不断增长的阶段。

这些新兴的市场也许会产生更多的创业机会。年纪轻轻就登上商业舞台已不再是什么难事。

即便失败了，因为还年轻，也不会把一生都断送。勇气很重要，这种勇气对于所有创业的人而言都是不可或缺的。

东海林太郎唱过一首歌，名叫《流浪之旅》，从大正时代起我就会哼唱。

现代人如果也有这种格局的话，无论是谁都会在他所前往的那片土地上获得成功。也许，今后的年轻人将注定与故乡无缘。

第51场 【压轴】
你控得住场吗

ACTION 讲好故事

现在，想自己出书的人越来越多，可是很多人却总是写不出来。这里面固然有图书市场的问题，也有其个人的问题。

那些写不出书的人只是嘴上说着"我想出书"，别人却丝毫感受不到他们有"想要把书卖出去"的热情。

有的人想用自己出的书代替名片，因而产生了强烈的出书的念头，于是开始一本一本地写书，最终成了一名"作者"，然而这样的人终究只是少数。

在如今的日本图书市场，每天都会有几百本新书上架。即便你出版了一本书，如果被书店判定为"这本书是卖不出去的"，恐怕这本书也就再也没有机会被摆在书店里销售了。现在，书已经变成了一种如果没有读者市场就卖不出去的商品。出版社也基本上不太可能会出版一本没有什么名气的人的著作了。

那些想要出书的人，必须好好地思考一下这个问题。所谓出书，就是以文字的形式把自己的表演放到舞台上让人欣赏。作者必须是一名演员同时也是一位剧本作家，而且必须倾尽全力把自己的剧本写得有趣、能给人们带来感动并给人们带来帮助。

也就是说，这本书应该是作者作为演员的最佳表演，否则就没有人来看你表演了。

- 要让读者在读到让人感动流泪的内容时，觉得一块手帕不够用。
- 要让读者在读到让人气愤的内容时，气得浑身颤抖。
- 要让读者产生想立刻学习书中的方法的冲动。
- 要让读者产生想立刻拜作者为师的冲动。

　　如果你能实现以上这些"让人感动"中的一个，你的剧场就一定会座无虚席。也就是说你必须自己去创造一种能够撼动整个剧场的气场。

　　本田健先生的《从犹太富翁身上得到的启示》就是一本能让人产生冲动情绪的书。村上春树先生的作品也是如此，总是能唤起人们心底的感动。与是否为虚构作品无关，作者把作品当作舞台，充分展示了自己精湛的演技。

　　反之，那些"无趣的灵魂"是无法站到舞台上的。无论如何，如果你没有一个令别人感动的故事，那么没有人会愿意为你赶到剧场来看演出。

　　也许有些人赚到一点钱就满足了。但是为了能够持续

"火"下去，必须提高境界，提高演员的自我修养。

曾经有一本畅销书，书名是《想瘦的人也要吃》，书中的内容实际上是作者铃木园子真实的个人体验的总结。

总之，我们要用尽浑身解数"推销自己"，要创造可以推销的商品，而且面对观众，要有一种赤裸裸的坦诚。

第 52 场 【绝活】
实力至上

━━━

ACTION 拿出你的实力

刚进入公司的员工一定非常了解自己的实力。同一批入职的同事，其相互间的实力往往也差不多。正因如此，超越同期生，也就成了他们的一个目标。

可是现在即便是同一批入职的人，其薪水可能也不完全相同，那是因为现代社会变成了实力至上的社会。

这种"实力至上"主义中的"实力"可以分为三种。

第一种是"可以凭借自身力量独立完成任务的实力"，这种人适合单打独斗。

第二种是"与他人合作，一起完成任务的实力"，这种人仅凭个人的力量无法完成工作，但和别人合作的话就能发挥出全部潜力。

第三种是自己不工作，"让他人（包含通过 IT 手段）工作来完成任务的实力"。简单地说，这种实力也包含了"花钱请人工作"的能力。

然而，不同的人有着不同的能力，因此对于以上三种能力中哪一种才是最好的，我们无法一概而论。

我更看重第一种和第二种实力，因为对于利用 IT 或者"花钱请人工作"，自己实在不擅长。当然，这种分类方法只是一种"樱井式"的分类，其他人自然会有不同的分类方法。

问题在于要知道自己真正的实力是什么。如果不充分了解自己的实力就登上舞台，恐怕会早早谢幕，以失败告终。

有的人虽然自己还在学习的过程中，却以为自己可以去教别人了。

例如，那种"习惯记笔记"的人就高估了自己的能力。明明不是自己的经验，却要去照猫画虎地使用别人的经验。他们会努力争取机会参加各类培训班，来搜集信息和知识。

当然，有的讲师也会客气地说"请随便使用吧"，那是因为这些讲师心胸比较宽广，而且确实也有一些方法是可以使用的。

例如，松田充弘先生是提问专家，提问方法当然是任何人都可以使用的。

也有一些人在使用我的"女性说服法"，因为这是一种方法论，所以别人用起来也不会有任何问题，当然如果往坏处用就另当别论了。

无论如何，针对某一主题，清楚哪些是自己的东西并且将其与自己体验到的、读到的、听到的知识进行明确地区分，是非常重要的。

另外，并不是到了一定的年龄我们就可以拥有相应的实力。年纪不大而能力超群的人也是有的。没有正式工作，而在积蓄能力的人也为数不少。那么，你拥有哪种实力呢？我想只有好好了解自己的实力才能知道要往哪个方向发展。

第 53 场 【粉丝】
选择话题

———

ACTION 交个朋友

日本传统的讲座多采取派遣讲师的形式开展，即培训机构选定讲师并将其派往全国各地的企业、团体等，这些讲师大都是在全国都较有名气的人。

与这种模式不同，我所推荐的是一种更倾向于私人性的讲座，也就是说这类讲座在主题上并不强调那些社会性的内容，而是优先考虑那些更接地气的内容。

换言之，如果你要开讲座，那么越是自己擅长的内容越好。此外，要让人们一开始就意识到这是一种学习，而且是免费的，比如我们可以在 Facebook 上发出"一起去喝茶吧"的邀请。

或者是类似"我要去大阪，有人要一起去喝茶吗"这样的邀请也会得到越来越多的人的响应。如果你能够召集到一定数量的人，接下来如何继续扩大范围也是需要下功夫的。

例如，我们可以发出"一起参加读书会"的邀请，"一起去公园"也是一个不错的选择；如果参加者都是女性，诸如"恋爱技能养成术之约"这样的话题应该算是最棒的选项了。

总之，把总是闷在家里或房间里的伙伴带到外面去本身就是一件令人愉悦的事情。在聚会中谈论什么是次要的，我们首先要考虑的是能交到多少朋友。

我认为，在 Facebook 这样的平台上让别人知道自己的名字是很有必要的。此外，参加各种协会组织、和别人交换名片，同样可以增加在网上的曝光量。

如此一来，即使是年轻人也可以在网上交到很多朋友，成功者甚至可以通过这种方式获得收入。

但是，请谨慎涉及网络销售。联系大家不是要推销商品，而是要推销自己，这才是最重要的。如果你没有任何特殊的技能，是很难在网络世界生存的。

首先要善于利用 Twitter、Facebook、博客等网络平台。我虽然已经 90 岁了，但是除了 Twitter 之外其他的网络平台我都还在使用，而且因为我定期更新，所以很容易增加粉丝量。

通过不断地更新动态，你会逐渐发现自己擅长的技能是什么，也会慢慢弄清每天向读者发什么样的信息更合适。

慢慢地，有一部分人就会开始成为你的粉丝，产生想认识你的念头。在这个时候，你才可以开始考虑寻找商机的问题。

第 54 场 【迷茫】
建立自信

ACTION 改变自己

　　我在担任出版社社长期间，曾经陆续出版过一些人气颇高的新型创业家、新型管理者、新时代讲师的作品，这些人都属于先别人一步登上舞台并已经取得成功的人。我想聊一聊他们，希望诸位读者也能够跟随这些年轻人的步伐走向成功。

我发现一件有趣的事，这些人并非都是大学毕业后就顺利进入一流企业开始工作的，而往往是先遭遇挫折，或者从一流企业辞职后自己成立公司，或者是在长期无业状态下一跃成为顶级博主的。

大学毕业后就进入公司的人基本上都是打算在那家公司长期工作的。然而，前面所说的那几位成功者却并非如此。那么，为什么他们会这样选择呢？

其实他们去公司上班，与其说是为了工作，倒不如说是为了学习。我想这些人在参加工作的前两三年中，建立了一种自信，他们相信自己可以独立完成一些小规模的项目。在此，我们可以将这些人分为"出人头地型"和"独立型"两种。

这两种类型没有优劣之分，要说有何不同，恐怕也只是一种直观上的感觉。这些人都是清楚自己才能所在的人。虽说如此，登上大舞台的人普遍也会因迷茫而浪费大量的时间。

阿米巴博客❶的博主本田晃一也曾表示，他在认识到"自己其实是一个非常棒的人"之前，也花费了相当长的时间。在这种迷茫的时刻，有不少人选择去外国，跟随那些顶级培训师学习。

以前，如果你想引人注目的话，可能需要考上哈佛大学或者斯坦福大学。现在，和基础知识学习相比，致力于个人学习的人反而更加受到关注。《赚钱的人都在学什么》一书的作者稻村彻也先生曾身负数亿债款且无家可归，后来他改变自己的观念并开始行动，如今已经成了一名亿万富豪。

涩谷文武先生是一名以人气著称的创业家，他的一则演讲视频的播放量已经超过了300万次。涩谷先生可以称得上一名顶级的讲师，他同时也是《如今的职场：最后的3个月》一书的作者，是一位在剧场化社会中我们应该倍加关注的作家。

近年来，这样锐意进取的讲师正在接连不断地登上舞台，

---

❶ 日本著名博客网站。——译者注

剧场化社会
演好自己角色的 8 个法则和 56 场好戏

这也正是新时代的潮流所向。一些老派的人总用"奇怪"这样的词来简单评论这些登上舞台的人，有这种想法的人恐怕很难适应即将到来的时代。

我们的时代需要的不是那些成为"麻烦"的人，而是凭借自己的才能就能够生存下去的人。

第55场 【健康】
成功要趁早

——

ACTION 健康尤可贵

如何设定自己的人生目标呢？我有一个秘诀，那就是把目标设定为争取比别人早1年获得成功。

为什么要如此急于成功呢？其背后有大数据的支撑。根

据厚生省 ❶ 公布的数据信息，2025 年日本 65 岁以上患老年痴呆症的人数将增加到 700 万，基本上相当于每 5 个 65 岁以上的人中就有一人患病。因此，如果你到了那样的年龄不幸患病，那么即便成功也没有什么意义了。

迄今为止，人们一直认为只要努力拼搏，到了老年就可以悠然自得地享受精彩的生活。他们以这种奢华的晚年生活为目标，从年轻时候起就坚持不懈地赚钱、攒钱。

然而残酷的现实是，我们好不容易快要到了退休的年龄，好不容易快要实现目标，却又要开始担心自己是否会患上老年痴呆症。

事实上，我的朋友当中就有这样的人。好不容易住进了豪宅，却已经失去了判断房子是否豪华的能力，最终迷了路，至今去向不明。

为了避免这种情况发生，成功的年龄应越早越好。

在以前的日本社会，人们设定的目标通常是要在 60 岁之

❶ 即厚生劳动省，是日本负责医疗卫生和社会保障的主要部门。——译者注

前成为公司的董事，随着人口老龄化的不断发展，以此为目标的人生已经可以称得上非常成功的人生了，毕竟很快对于人类来说，活到 100 岁也并非遥不可及。

然而人类的年龄虽然得到了延长，但最重要的身体健康状况却未必跟得上。正因如此，要尽早登上舞台，尽快把成功变成现实。

与此同时，我们从年轻时候起就应该开始考虑健康问题。我自从进入传媒领域工作的第一天起，就严格地控制饮食，养成健康的生活习惯。

一日三餐之中，我尤为重视早餐，酒最多只喝一小瓶，而烟则是从来也没有抽过。

此外，本着"身土不二❶"的原则，我一直以自己成长地域内的农产品为主要食品。我的父亲出生于群马县、母亲出生于千叶县的九十九里滨，而我则出生于东京墨田区。这三个地区的主要食材是卷心菜、萝卜、猪肉、鸡肉、沙丁鱼、

---

❶ 指一个人的身体和他所生长的土地存在一定的关联性和一致性。——译者注

大豆、花生以及各类蘑菇等。

当然，我平时吃的食物也不只是上面所说的这些，我一直在小心翼翼地构建自己的饮食生活，因为我相信这些是和健康息息相关的。

我们一方面要思考如何在年轻时就登上舞台，一方面为了健康长寿，要趁着年轻养成良好的生活习惯，这也会给家人带来好的影响。

第 56 场 【年龄】
舞台属于任何人

———

ACTION 与时间为敌

　　读到这里，一些读者可能会以为能够站到舞台上的人似乎仅限于年轻人。

　　诚然，从挑战及成功的角度来看确实是越年轻机会越大，但是老年人获得登上舞台的机会也比比皆是。在舞台上像我这样的"老生"角色也是十分必要的，现在的人们都想听一听老年人亲身实践过的"活法"。

无论人们愿不愿意，人类的寿命仍会继续延长，那是因为无论养生方法还是医学技术和以前相比都先进了很多。

我如今已经过了90岁，仍然很健康，虽然平时也偶尔会感冒，但吃一些常备药也就好了。关于健康生活方面的话题，20多岁的人可能毫无兴趣，但如果换成中老年人则会听得很认真。

演艺界和图书出版领域也有老年人的舞台。普通的健康讲座没有什么亮点，但如果换成88岁的黑柳彻子 ❶ 女士、85岁的北岛三郎 ❷ 先生、84岁的加山雄三 ❸ 先生讲养生方法的话，恐怕大家就都会愿意去听了。在作家当中，90多岁的濑户内寂听女士和佐藤爱子女士更是人气十足。

即便是那些没有名气的老年人如果身体十分健康的话，

---

❶ 日本著名电视主持人、演员、作家。——译者注

❷ 日本著名演歌歌唱家。——译者注

❸ 日本著名演员、歌唱家。——译者注

有时也会被养老院、地方政府、公司邀请去分享养生方法，
他们同样成了舞台上的主角。

如果一个人到了 98 岁还可以创建公司、开设公众号，恐
怕媒体得知后立刻就会蜂拥而至。比别人健康长寿是一件难
能可贵的事，在舞台上秀一秀自己健康的状态也并非不可
思议。

我们已经没有必要考虑自己从年龄上看是否适合登上舞
台。因为无论什么年龄段都有专属的精彩，也都有好的舞台
与之相适应。

纵然在职场上没有能够登台露面的能力，在其他领域把
特长发挥到极致也是完全有可能的。

甚至可以说，与工作相比，人们更倾向于兴趣爱好和学
习实用知识。我从 2019 年开始，在网上开设了"魔法大学"，
也算是登上了另一个新的舞台，并同样引起了巨大的反响。

不要把自己的年龄当成找不到舞台或者无法登上舞台的
借口，无论是否年轻，都能找到适合的舞台，不信你可以试
试看。

剧场化社会已开启

2018 年 6 月，日本生产力中心公布了一项有关"工作意识"的调查结果。对于"你想晋升到什么职位"这一提问，回答"社长"的占 10.3%，创造了 1969 年以来该项调查的最低值。相较于 1989 年（平成元年）的 19.3%，平成时代（1989—2019 年）的 30 年时间里，希望赢得较高社会地位的人减少了 9%。

究其原因，有观点认为是因为现在的年轻人"没有魄力"，也有人认为是人们已经对社长的位置不感兴趣所致。

在另一项关于工作目的的调查中，回答"为了测试自己的能力"的人，其比例从 25% 急速下降到 10%。面对这种结果，自然会有人愤愤不平地抱怨"日本的年轻人越来越没有魄力了"，但我认为这其实是年轻人对于出人头地的认识已经发生了颠覆性改变的结果。

在年轻人看来，"社长"一职已经逐渐失去了其曾有的魅力，或者说，人们对现代企业的发展能否保持长期稳定持有疑虑。当然，也不排除人们对指挥众多员工缺乏信心的因素存在。但是，对于那些已经认可副业、工作方式逐渐自由化的员工来说，对是否要靠"公司职业"这个"铁饭碗"吃一辈子，也是持有疑问的。

当今社会，方方面面都处于过渡期。我们是靠实力生存下去，还是依靠 AI 解决生活中的问题？我们是在大企业做枯燥的工作，还是在小企业做自己喜欢的工作？我们是到国外去从事新兴职业，还是在国内从事传统职业？人们的考量各有不同，尤其是年轻人，他们的思考会更复杂。

我将这种现象视作剧场化社会已经开启的标志。以前，公司就是剧场，舞台上的主角就是社长。因而，大学毕业后，人们都是直奔这条道路而来的。然而，现在情况发生了变化。即使你长期在公司工作，也未必一定能够登上舞台。所以才会有日产汽车公司的卡洛斯·戈恩（Carlos Ghosn）那样的强势领导出现，所有员工只能看着戈恩一个人在舞台上表演，基本无人知晓其他领导的名字。此外，在一些大型企业，主管人员也正在成为自由聘用的管理者。有鉴于此，有关管理者的学习应该尽早进行才好，想要成功的人应首先进入企业，然后通过讲座、培训班来进行学习，即便是小的舞台也要尝试登上去。

当然，不可能所有人都成功，所谓的成功也并不仅仅是地位的变化，还有财富的因素，如那些交流社区的主导者、YouTube 的"人气 YouTuber"都可以说是成功者，而且网络世界总是会不断涌现一些新的成功者。

如今的时代就是这样，即便我们进入了大型企业，努力工作到中年，在 50 岁左右被列入提前劝退人员名单的人也不在少数。恐怕很少有人能自信地说一句"不，我从来没有这种顾虑"。

为避免这种情况出现，我建议大家从年轻时起，就要开始学习并不断寻找在第二职业、多重创业、副业这样的小舞台上发挥自己能力的机会，这也是符合老龄化社会发展的工作方式。

我自己正是因为一直这样坚持，即便已经到了90岁，仍然拥有能够让自己独立生存下去的舞台。在我的周围将这样的想法付诸实践并取得成功的年轻人也大有人在。当然，他们也会被一些人说成"搞不懂在做什么，真是个奇怪的家伙"，然而那些自以为"我不懂的就是奇怪"的人才是真正落后于时代的。

这是一个充满不确定性和可能性的时代。早起早睡、按部就班地生活是否一定有价值似乎也变得并不确定。时代早已不只褒奖那些仅在一家公司工作的管理者了，尤其对年轻的管理者而言，一个人主管好几家公司也并不稀奇，而他们正在创造新的财富和价值。

面对已然到来的剧场化社会，渴求登上舞台的诸位：

你是否也开始考虑去过那种不按常理出牌的生活？

你是否也想认识持有这种观点的人？

我的答案是肯定的，并且我恳切地建议读过本书的年轻

读者也这样去做。

版权声明